教育社会学丛书

SOCIOLOGY OF CLASSROOM

班级社会学

汤美娟　编著

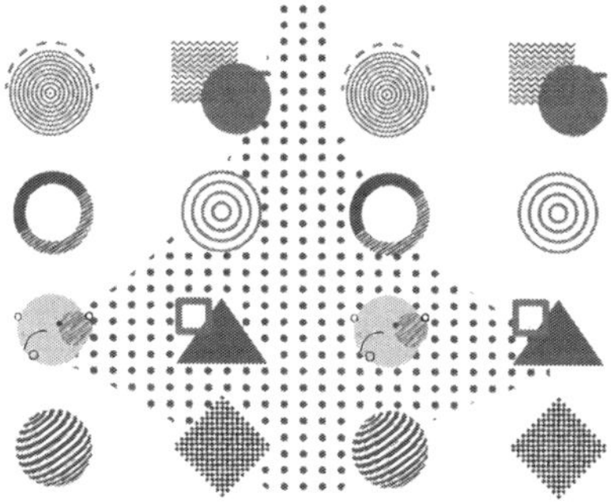

南京师范大学出版社

图书在版编目（CIP）数据

班级社会学 / 汤美娟编著 . — 南京：南京师范大学出版社，2023.6

（教育社会学丛书）

ISBN 978-7-5651-5685-4

Ⅰ . ①班… Ⅱ . ①汤… Ⅲ . ①班级 – 管理 – 教育社会学 – 研究 Ⅳ . ① G424.21

中国国家版本馆 CIP 数据核字（2023）第 006815 号

班级社会学
BANJI SHEHUIXUE

编　　著　汤美娟
责任编辑　杨佳宜
出版发行　南京师范大学出版社
地　　址　江苏省南京市玄武区后宰门西村 9 号（邮编：210016）
电　　话　（025）83598919（总编办）　83598412（营销部）
　　　　　　83371351（编辑部）
网　　址　http://press.njnu.edu.cn
电子信箱　nspzbb@njnu.edu.cn
排　　版　南京私书坊文化传播有限公司
印　　刷　江苏凤凰数码印务有限公司
开　　本　890 mm × 1240 mm　1/32
印　　张　7.75
插　　页　6
字　　数　194 千
版　　次　2023 年 6 月第 1 版
印　　次　2023 年 6 月第 1 次印刷
书　　号　ISBN 978-7-5651-5685-4
定　　价　78.00 元

出 版 人　张　鹏

序言：
打开班级的“黑箱”

亚里士多德曾说，人是社会性动物。人不仅生活于社会之中，还受社会的影响，社会构成了个体发展的重要环境。一般来说，某一人怎样触发自然，怎样认识人与文化价值，都是由他自己与日常接触的他者之间的交往来决定的。人只有在社会环境中，通过与他人的交流和互动，才能获得心智和能力的发展。离开了社会环境，人的发展是无法想象的。人的这一特质赋予了教育与生俱来的社会性。正如杜威所言：

> 实际上，每个个体都是在社会环境中成长，而且必须在社会环境中成长。个体唯有在一个具有既定意义和公认价值的环境中活动与生活时，个体的反应才会愈来愈明智，或者是从反应中获得意义。透过社交活动或是透过具体表现信仰之活动中的分享，个体经由行动逐渐获得属于自己的心智。因此，认为心智是由完全孤立之自我所拥有的，是与事实背道而驰……自我并不是独自重新建构知识的孤立心智。①

---

① J. Dewey. Democracy and Education [M]. New York: The Free Press, 1966: 344.

某种意义上，我们可以说，教育的发展史便是探索构筑促进儿童发展的社会环境的历史。由此推断，学校便是近代社会为儿童所设计的一种独特的社会环境。它逐渐取代家庭，成为儿童教育的主要承担者和专门机构。

为实现“把一切事务传递给一切人”的愿望，夸美纽斯创立了班级授课制。基于其效率和标准化的优势，班级授课制已成为现代学校教学的基本组织形式。如今，班级成为学校的最基本单位，是教育活动实际推进的主要场所，也是学生每天主要的社会环境。班级也因此成为影响学生发展的重要力量，如何构建班级、如何实施班级教学、如何进行班级的有效管理等围绕“班级”的问题成为教育研究和实践中的热点话题。

2006年以来，教育部先后颁布了《关于进一步加强中小学班主任工作的意见》和《中小学班主任工作规定》，以指导班主任实施班级管理工作，更好地发挥班级的育人作用。在此期间，有关班级的研究可谓汗牛充栋，班级研究呈现出繁荣景象。由此，我们能够感受到班级在当下学校教育中的重要地位。然而，这些研究大多是基于实践的经验性和操作性的观点表达，鲜有基于科学方法的理论性研究。这也就意味着，中小学班主任工作在很大程度上依赖于教师的实践智慧和经验积累，缺少足够的理论支撑。

班级，作为学校系统的基本单位，自然是教育社会学研究的重要领域。20世纪80年代起，我国教育社会学研究者便展开了对班级的社会学研究。吴康宁对改革开放后三十年班级社会学研究进行了总结：

> 事实上，班级社会学也是我国教育社会学重建后最早基于实验研究而探及的领域之一。南京师大课题组自1987年起与一所

中学联合进行了为期三年的"班集体建设与课堂教学"实验研究，探究了班级与课堂教学的相互影响及其机制问题。其后，开始出现关于班级的专门的理论探讨，出版了概论性专著，且在班级的性质、结构、文化等方面也开始有逐步深入的探究，并有学术争鸣。①

此后三十多年，得益于符号互动论、现象学和常人方法学等微观社会学理论的引入以及民族志方法的应用，我国教育社会学研究得以触及班级的结构、互动、文化等更为深层的领地，从概论性研究迈入更为专门和细致的经验性研究。这些研究能够为班级教学及管理实践提供理论的支持。

始于20世纪60年代，西方教育社会学引入交互理论，这促发了将班级作为社会组织加以研究的兴趣。70年代初，当试图建构学校影响学生成就的实质性因素的努力失败，西方教育社会学的学者们开始质疑从学校整体层面确定学生成败的重要影响因素并给予过程性解释的可能性，并将关注点转向班级。斯蒂芬·里歇尔曾提出："单就优先地位而言，相较于学校，班级可能是影响认知发展更显著的单位。"此后，对班级权力结构、同辈群体互动、学生阶层分化、教学风格、物理环境布置以及班级氛围等进行的经验性研究得以问世。研究者们试图超越班级研究的"黑箱"模式（测量投入和产出的相关而不考察班级中实际发生的互动），同时避免班级研究"细节多、结构少"的问题，将班级的经验性考察和理论建构结合起来。历经半个世纪，西方教育社会学在此领域已积累了较为丰富的研究

① 吴康宁．我国教育社会学的三十年发展（1979—2008）[J]. 华东师范大学学报（教育科学版），2009（2）.

成果。

虽然，关于班级社会学的研究成果在不断累积，但是，对于“什么是班级社会学”这个问题，国内外学者尚没有形成明确的、共识性的定义。片冈德雄的班级社会学，在研究内容上将班级集体结构、教学过程、教学内容和人际关系、文化规范融合成一体进行研究。但其中很多内容与教学社会学存在重叠。顾明远先生主编的《教育大辞典》将其定义为微观教育社会学的分支学科，将班级视为一种社会系统，运用社会学的原理和方法加以研究。该解释指出了班级社会学研究的起点，也即从班级的社会属性出发去研究班级。学者们或将班级看作社会组织，或将其看作初级群体，或将其看作社会环境，进而在此基础上构建班级社会学的研究主题和结构。

基于此，本书对中西方班级社会学的研究成果进行梳理，将有助于构建较为系统的班级的社会学理论体系。这有助于人们打开班级的内在结构及运行机制，打开班级这一“黑箱”式存在。对于班级管理实践而言，它也能够在一定程度上提供理论的启发。

目 录

第一章

班级的概述

自夸美纽斯创立班级授课制以来，班级逐渐成为学校的基本单位，也是学校教育教学活动展开的主要场所。正如塔尔科特·帕森斯（Talcott Parsons）所言：“无论是学校体系还是学生个人都把班级视作正规教育‘事务’实际进行的场所。”① 学校的教育运作大都存在于班级之中。可以说，班级是影响学生成长的直接而有效的社会力量。斯蒂芬·里歇尔（Stephen Richer）曾指出：“单就优先地位而言，相较于学校，班级可能是影响认知发展更显著的单位。”② 因此，班级应是教育社会学的重要研究对象，班级的社会学研究应是教育社会学研究的重镇。

---

① [美]塔尔科特·帕森斯．作为一种社会体系的班级：它在美国社会中的某些功能 // 张人杰，主编．国外教育社会学基本文选（修订版）[M]．上海：华东师范大学出版社，2009：419–438.

② S. Richer. School Effects：The Case for Grounded Theory [J]. Sociology of Education, 1975, 48（4）: 383–399.

第一节　班级的界说

当教育社会学关注班级，欲将其作为对象进行专门的理论研究时，研究者首先面临的问题便是班级的界定。如何定义班级直接关系到对班级性质、结构、文化等方面更为深入的研究。除帕森斯和片冈德雄[①]对班级的经典定义之外，我国学者自教育社会学重建以来也从各个不同的维度对班级进行了界说，并且形成了理论的争鸣。这一理论的争鸣使得班级的内涵和外延得以进一步清晰化，其社会属性和特性也逐渐展露。

一、“社会体系”说

作为较早将班级纳入社会学研究的学者，帕森斯将班级界定为“社会体系”，这可谓是教育社会学界的经典。国内外相当多的班级社会学研究至今依然沿用这一界定。何谓“社会体系”呢？在《社会体系》一书中，帕森斯进行了说明：

> 社会体系存在于大量在一情境中彼此互动的个人行动者之中，情境至少包括一物理的或环境的因素，以及行动者。行动者的动机倾向于追求“最佳的满足”，而行动者与其情境及他们彼此之间的关系则根据一个具有文化结构的和共享的符号体系来规定和调停。[②]

基于帕森斯的这一说明，我们可以推断，班级作为一种社会体

① 亦写作“片岡德雄”，本书统一为“片冈德雄”。

② 于海．西方社会思想史 [M]. 上海：复旦大学出版社，1993：395.

系具备以下特征：第一，处于互动的个人行动者；第二，物理或环境的因素，或者说情境；第三，共享的规范及价值体系。这里需要注意的是，帕森斯并不是把社会系统作为独立的实体，它虽然产生于个体在一定情境中的互动，“但它不是由具体的个人与集体的全部行动所构成的，仅仅只涉及他们‘特定的角色’行动”[①]。因此，将班级定义为一种“社会体系”，并非从实体层面而言，而只是为凸显其“社会关系的网络”。在这个关系网络中，最基本的单位是拥有多种角色的行动者及行动，但帕森斯强调的是更高一级的单位：“地位—角色”。“地位与角色并非行动者的属性，而是社会体系的单位。”[②]这是他用来对社会体系进行结构功能分析的主要单位。最后，根据这些“地位—角色”组织起来的行动者集体也是社会体系的单位。

这样，就其单位而言，帕森斯认为可以从四个层次来分析社会体系的结构：

（1）按角色组织起来的个人，它的首要功能是“适应”。

（2）集体，包括角色和集体性存在。它的首要功能是社会体系的目标实现。

（3）据以控制的规范，其功能是整合。

（4）价值，其功能是维模，即使社会规范体系合法化。

这一框架便是帕森斯将班级作为“社会体系”进行结构分析的依据。据此，在《作为一种社会体系的班级：它在美国社会中的某些功能》一文中，他通过详尽的分析阐明了班级的结构与其基本社会功能之间的关系。这成为人们理解帕森斯班级概念的主要依据，

---

① 于海．西方社会思想史 [M]. 上海：复旦大学出版社，1993：395.

② 同上，396.

被中西方学者广泛提及。

二、“学习集体”说

另一位对中国班级社会学研究产生过重大影响的当数日本教育学者片冈德雄。1988 年，片冈德雄应北京师范大学邀请前来讲学，并在多地进行了演讲和座谈。他的班级社会学理论随之进入中国，对我国班级的社会学研究产生了不可忽略的影响。不同于帕森斯的宏观社会学视野，片冈德雄突出了班级作为一种社会群体的特殊目标——学习，从而将班级定义为“学习集体”。对于这一界定，我们可以从两个方面来理解：“集体”和“学习”。班级首先是一个集体，区别于人群的集合。它是“由共有一定的规范并担负着与他人密切相关的社会角色的两人以上的成员所组成的社会单位”[①]，“共有的规范”和“成员所担负的社会角色相互关联”是集体形成的两个基本条件。集体成员所担负的社会角色之所以相互关联，是因为他们拥有共同的目的和兴趣。在班级这个集体中，各个成员之间拥有一个特殊的目的和兴趣——“学习”，即“人们为使自己在智、德、美、体等方面得到成长和发展而进行的有意识的、有计划的努力”[②]。片冈德雄强调，这种学习不同于家庭中的学习，它是有意识、有计划的；同时它也不同于工作单位的学习，它是班级集体的唯一目的。班级是学习集体“最纯粹的形式”表现。这样，“学习”是班级这个集体成员相互联系的纽带，也赋予了班集体以特殊性质。根据以上两方面的分析，片冈德雄给班级下了一个更为具体的定义：

---

① T. M. Newcomb. Social Psychology . 1950: 491–492//[日] 片冈德雄 . 班级社会学探讨 [J]. 吴康宁，译 . 华东师范大学学报（教育科学版），1985（3）.

② [日] 片冈德雄 . 班级社会学 [M]. 贺晓星，译 . 北京：北京教育出版社，1993：6.

> “所谓班集体，乃是以有计划的学习为唯一目的、由担任领导者的教师与学生所组成的参照集体。”在这个定义中，有三个要点。第一，有计划的学习；第二，担任领导者的教师；第三，由教师与学生所组成的参照集体。[①]

除了“有计划的学习”外，“担任领导者的教师”也是班级的重要特征。片冈德雄指出，在班级中担任领导者的教师必须明确集体的目标，掌握实现这一目标的方法，并在班级成员中拥有权威。“领导者所具有的作为指导者的权威，不是产生于领导者与集体成员的关系之中，而是来源于该集体的上级组织或者将该集体包含于其中的组织之中。”[②]班级领导者或指导者的这一特征，使得“指导者如何走入学生生活”成为班级教育教学的永恒主题。

借用 M. 谢里夫（M. Sherif）和 T. M. 纽康姆（T. M. Newcomb）的“参照群体”理论，片冈德雄认为班级作为学习集体应是一种参照集体。不同于所属集体，即一个人在客观上所处的集体，参照群体“则是指这样一种集体，某某人非常希望能成为这个集体的一员，这个集体对他来说乃是他所向往的集体”[③]。因此，参照群体对个体具有规范和引导的功能。现实中，班集体首先都是以从属群体的形式出现的，尤其在义务教育制度的背景中。但是，片冈德雄指出：“班级不能仅仅停留在学生的所属集体这一程度，如果班级不成为一个参照集体的话，则班级中展开的学习也不能唤发起学生们的学

---

① [日]片冈德雄．班级社会学探讨[J]．吴康宁，译．华东师范大学学报（教育科学版），1985（3）．

② 同上．

③ [日]片冈德雄．班级社会学[M]．贺晓星，译．北京：北京教育出版社，1993：7.

习的主动性和自觉性，不能成为真正的高效率的学习。”[①] 这样，使班级发展成为参照群体便成了班级管理和班集体建设的重要任务。受 T. M. 纽康姆启发，片冈德雄研究了班级成为参照群体的条件。具体而言，有以下六点：

（1）“懂”的满足（知识的认识领会）；

（2）“会”的满足（技能方面的进步）；

（3）“变好”的满足（道德态度的转化）；

（4）“快乐”的满足（解放感的获得）；

（5）“得到承认”的满足（承认与被承认的问题）；

（6）“有用”的满足（贡献和成果的问题）。[②]

这六个条件中有和学习相关的，也有和班级成员的自我实现及价值感相关的。前者可以通过班级教学实现，后者更多需要在班级管理中实现。它们能为班级建设和管理实践提供有效的指导。

三、“特殊社会组织”说

除国外班级社会学理论的引进外，我国教育社会学者也有对班级的自主探索和专门的理论研究。在国内有关班级界定的理论争鸣中，首先要提及的便是吴康宁的“特殊社会组织”说。他认为，班级作为社会组织的建立在前，而后才有班级作为社会体系等的形成。因此，班级首先是一种特殊的社会组织，这是班级的“第一性”。根据社会组织的基本要素，吴康宁对班级成员做出了独特的论断：“班级只是一种学生组织，教师并非这一组织的成员。”[③] 他给出

① [日]片冈德雄．班级社会学[M]. 贺晓星，译．北京：北京教育出版社，1993：8.

② 同上．

③ 吴康宁．教育社会学[M]. 北京：人民教育出版社，2019：315.

的理由是：

作为一种社会组织，班级也有目标、机构及规范三个基本要素，而在这三个基本要素方面，教师与学生都没有共同之处。从班级目标看，教师的努力与学生的努力没有共同指向性。后者指向自身，是主体的自我实现；前者指向他人（学生），是对客体的加工改造。从班级的机构看，班级的首领是班长，核心领导机构是班委会，下分若干小组，每个学生在班级中都有自己的相应位置，而教师作为社会代表者来说，则超越于班级机构之上。从班级规范看，任何班级规范所约束的都是学生，是学生规范的一种，至于对教师言行的约束，则来自教师的工作规范。①

将班级视为一种学生组织，根据学生所具有的两个基本属性，吴康宁推论班级作为一种特殊社会组织的两个社会学特征：自功能性和半自治性。不同于其他组织成员，学生的首要属性是“学习者”。他们所进行的学习是指向未来的“奠基性学习”，内容既包括科学知识的学习，也包括道德、价值和行为等文化内容的学习。学生的这一特征便决定了班级作为一种“功能群体”与其他社会组织的区别：“自功能性”。社会中的其他组织，比如工厂、医院，它们的目标都是指向组织之外，即“外指向性”。与之相反，班级建立的目标指向则在于组织内成员——学生——的“奠基性学习”。为了学生更好、更有计划、有组织地学习和发展，班级需要为他们提供一个社会环境。“这样，班级组织所履行的首先是与其成员的自身发展密切相关的功能。舍此功能，班级便失去其存在意义，其它功能——包括国内外不少学者常常提及的班级对于外部社会的功能——也就失去评价的参照标准。所以，从这一点出发，我们可以

① 吴康宁．教育社会学 [M]. 北京：人民教育出版社，2019：315–316.

把班级称为‘自功能性组织’。”①

作为班级组织成员的学生还有另外一个特征——“非成人”。吴康宁指出，学生的非成人特征首先表现在自主意识水平上。在他们身上，“自主意识与依存意识是共存的”，无法做到完全自治。同时，学生无法完全掌握组织运行所需的调控技能，无法对组织进行自我管理。此外，学生不得不处于作为社会代表者的教师的管理之下，无法实现自治。以上三点决定了班级具有另外一个重要特征——“半自治性”，“作为非成人组织的班级，并非完全靠自身的力量来管理自身，而是在相当程度上借助于外部力量”②。“自功能性”和“半自治性”便是班级作为一种“特殊社会组织”的特殊性所在。

四、“初级群体”说

对于将班级定义为一种“特殊组织”，谢维和对比质疑。他从规模、规范和制度这三个社会组织的规定性特征出发，分析了班级与社会组织之间的“偏差”。首先，班级的规模虽然较大，但班级成员之间的互动依然是直接的、面对面的互动。互动形式而非班级规模本身应是班级性质的决定性因素。其次，尽管在特定班级的建立及其成员的互动形成之前便存在一套规范体系，但班级成员对规范的理解与实践与此规范体系本身存有较大的差距。在班级中实际起作用的规范是班级成员在互动过程中形成的，而非事先规定好的。最后，班级中的确存在着各种严格的制度，比如考勤制度、考试制度等，但是与其说它们是班级制度，不如说是学校制度。而班级中本身存

① 吴康宁．论作为特殊社会组织的班级 [J]. 教育理论与实践，1994（2）.

② 吴康宁．教育社会学 [M]. 北京：人民教育出版社，2019：318.

在的规范和制度，常常拥有较大的“弹性”，随班主任及教师，甚至是学生特性的变化而变化。基于以上分析，谢维和认为班级应该是一种“初级群体”，而非“社会组织”。

“初级群体”是由美国社会学家查尔斯·库利（Charles Horton Cooley）提出的一个概念。它指的是由面对面的互动所形成的，具有亲密的人际关系的社会群体。初级群体具有以下几个方面的特征：第一，群体规模较小；第二，群体成员之间拥有面对面的直接互动；第三，由于初级群体没有明确的分工，所以群体成员扮演多种角色，能够在群体中展现自己的全部个性；第四，成员之间的交往富有感情；第五，每一个成员都是无法被替代的；第六，群体成员间的凝聚力强，群体的整合程度高；第七，群体中没有严格的规章制度，更多是依靠非正式的控制手段。谢维和借用了这一概念，并将班级界定为“初级群体”。他从以下几个方面对班级的特征进行了分析：首先，我国一般的班级规模虽然较大，但不影响其成员面对面的互动关系；其次，在班级成员的互动中，情感起着十分重要的作用；再次，由于情感的作用，班级成员间的交往和互动并非单方面的，而是多方面的，班级成员的个性暴露得比较充分；最后，班级成员间的互动不仅需要通过正式制度来控制，而且更多是通过非正式手段来进行秩序的维持。以上四个方面展现了班级与初级群体间相似的特征，也是谢维和将班级定义为“初级群体”的理由。

在谢维和看来，将班级界定为“初级群体”能够更好地满足班级建设的需要。具体而言，“初级群体”定义有以下几个方面的教育性优势：

第一，班级不仅要满足学生学习的需求，同时应该满足学生作为青少年相互交往的需求。这恰恰是初级群体的优势。

第二，充分调动学生的主体性，发挥他们的主体性，对于学生的个性发展，真正提高教育教学质量，都是十分必要的。而在这方面，将班级作为一种特殊的初级群体来建设，可以在一定程度上产生较大的效益。

第三，将班级作为一种初级群体，也就为班级中的教师的个性化教学提供了必要的互动基础，同时也为青少年学生的个性发展创造了较好的条件。

第四，可以使班级中的各种非正式群体获得比较合理的对待，从而更好地发挥不同学生的特色和优势，增强学生的班级认同和归属感，提高班级的凝聚力。①

这一定义展现了班级所应该成为的样子，可以视为谢维和对班级理想状态的追求。

对研究对象的界定是为了更好地研究和认识这一对象。在此意义上，以上四种定义并不矛盾，而是从不同的角度展现了班级的不同侧面。我们既可以了解班级的实然样态以及功能，还可以看到班级的应然样态以及班级建设工作的努力方向。因此，班级界说的理论争鸣体现了我国教育社会学者在班级认识上的推进，是对班级更为多维的认识。

第二节　班级的社会功能

从最宽泛的意义上讲，班级是一种社会群体。它是整个社会系统的“亚系统”或“子系统”，是社会机器的一个重要功能区。为保证社会系统的良好和健康运行，班级必须要发挥其应承担的社会功能。因此，弄清班级的社会功能不仅是班级建设的基础，同时也

① 谢维和 . 班级：社会组织还是初级群体 [J]. 教育研究，1998（11）.

是班级社会学研究的重要内容。在《作为一种社会体系的班级：它在美国社会中的某些功能》中，帕森斯深入分析了班级的“社会化”及“社会选择”功能，他指出：学校是一个专门机构，它不仅是一个社会化的结构，还将越来越成为选择的主要渠道，以便同人们在一个日益分化的、逐步向上升迁的社会里所期望的相一致。[①] 此后，这便成为班级社会功能的经典论述。无疑，帕森斯对班级社会功能的分析是具有想象力的。但是，他仅从社会体系维持的角度论述了班级功能的一个侧面，而未涉及其他。事实上，班级社会化功能的实现还需以个体发展为根基，个体和社会应是分析班级功能的两个方面。基于此，我国学者卫道治认为班级的社会功能有“社会化功能”“选择功能”“个性化功能”和“保护功能”。[②③] 这可以说是对帕森斯班级社会功能论述的发展。

对于班级的保护功能，吴康宁评论道“至于在照顾或保护功能方面，班级未必强于家庭”[④]。无论从事实上还是从理论上，这一评论都是中肯的。相较于班级和学校，保护功能毫无疑问应是家庭的首要功能。而卫道治等学者之所以将保护功能视为班级的社会功能，应是时代使然。在《国外关于班级—学校的社会学理论》一文中，

---

① [美]塔尔科特·帕森斯.作为一种社会体系的班级：它在美国社会中的某些功能//张人杰，主编.国外教育社会学基本文选(修订版)[M].上海：华东师范大学出版社，2009：419–438.

② 卫道治，沈煜峰.国外关于班级—学校的社会学理论[J].教育研究，1987（6）.

③ 虽然学界对于班级社会功能的争论很多，但这一观点是比较有影响力的，也是受到较多认可的。《教育社会学》（鲁洁主编、吴康宁副主编，人民教育出版社1990年版）“班级的社会学分析”一章接受了这一观点；吴立德在《论发挥班级社会功能的若干问题》（《教育研究》1995年第5期）一文中，也从此四个方面对班级的社会功能进行了分析，并指出：“一般认为，班级作为教育社会，其功能可以分为两个方面。”

④ 吴康宁.教育社会学[M].北京：人民教育出版社，2019：316–317.

卫道治等指出了保护功能和个性化功能的差别："保护功能的重点在于生理的照顾及生活服务方面，学生的身体结构与生理作用是个性发展的基础而不是它本身。"[①]唐迅在此基础上对班级的保护功能进行了更为具体而详细的说明：

> 班级的照顾和保护功能的一个重要方面是，儿童、青少年的神经系统、脑、感觉器官和有机体的成熟、发育方面的保健和教养。譬如说为什么不少孩子在课堂上双眼无神、目光模糊，甚至走神、呆滞；为什么有些孩子面色苍白，早餐厌食；为什么有些孩子情绪忧郁、神经过敏，容易疲劳；为什么每当气候变化时，总有不少孩子感冒，以致于视力减弱，肠胃发病，几乎成了现代"学校病"。[②]

从这段描述中，我们可以感受到强烈的时代感。由于家庭经济或家长认知等方面的限制，学生的身体及生活照顾在当时成为教育中的"问题"，成为需要班级承担的社会功能。如今，大部分家庭的经济和认知水平已有较大提高，已能够承担学生的保护功能，应成为保护和照顾学生的第一责任人。学校教育应立足于追求更高和更本真的社会功能。为此，本节将从班级的指导功能、社会化功能、个性化功能和选择功能四个方面展开论述。

一、班级的指导功能

不同于其他社会群体，班级的首要特性在于"学习"。班级是

---

① 卫道治，沈煜峰．国外关于班级—学校的社会学理论 [J]. 教育研究，1987（6）.

② 鲁洁，主编．教育社会学 [M] 北京：人民教育出版社，1990：431.

为有计划地学习而建立的，学习是班级的第一目的。正因如此，片冈德雄将“有计划的学习”视为界定班级的首要要素，吴康宁也认为班级作为一种“特殊社会组织”的特殊性在于班级成员的“奠基性学习”。不过，不同于其他社会组织，班级组织成员是未成熟的，他们无法实现自主的学习，因此需要教师的指导。“教师的指导”是构建班级组织的最初动力，也是学习计划性和有效性的保障。在此意义上，片冈德雄把“教师的指导”作为继“有计划的学习”之后界定班级的另一要素。吴康宁虽然认为教师不是班级组织的成员，但也承认教师的指导和帮助是班级组织和其他社会组织的区别。由此说来，指导功能应是班级的基本功能，这也是班级发挥其他功能的基础。丧失了其指导功能，班级的其他社会功能便也无法实现。

什么是班级指导？它指的是：“①使人理解利害的共同性和目标的意义及达成这个目标的方法。②使人在追求和达成这个目标时自觉地进行协助的一种行为。”[①] 相对于政治家和企业家，教师的指导具有自身独特的性质。第一，指导者与被指导者的联结来源于双方的信任。“在一个班级中，信赖是手段，同时也是目的，它取代了政治家眼中的权力。……亦和企业等其它经营团体大相径庭。”[②] 第二，在教师的指导外，学生拥有不同程度的自由空间。“在这选择余地中，学生可以发挥自己的个性和特长，选择适合于自己的东西。”[③]

要使班级能够有效发挥其指导功能，担任指导者的教师必须具备一定的能力和条件。片冈德雄对教师作为指导者的人格和能力提

---

① ［日］片冈德雄．班级社会学[M]．贺晓星，译．北京：北京教育出版社，1993：13.

②③　同上，17.

出了三个方面的要求：

第一，“教育爱”，这是教师胜任指导者的大前提。第二，“作为知识文化传授者所具有的力量”，这不仅要求教师掌握系统的学科知识，还应掌握教育教学的方法。第三，“建设班级人际关系方面的力量”，这要求教师在人格上具备“温暖”“细微”“明朗”和“谦虚”的特征。其中，“温暖”指的是教师要能够给予学生“承认和鼓励”，要给予学生以人的尊重；“细微”指的是要仔细地观察和了解学生，熟知每一个学生；“明朗”指的是教师的“直率”，对学生要真诚；“谦虚”指的是教师要不断地自我反省自身的不足，这是教师取得专业成长的原动力。

以上三点为教师作为班级指导者提供了能力保障，也是班级顺利发挥指导功能的保证。

二、班级的社会化功能

社会要维持自身的持续存在，就要求其新成员习得并内化该社会的文化，学习承担未来的社会角色。这一过程在社会学中被称为“社会化”。安东尼·吉登斯（Anthony Giddens）这样定义道：社会化是一个过程，通过这一过程，无助的婴儿逐渐变成一个有自我意识、有认知能力的人，并熟练掌握他或她生于其中的文化的习俗。[①]一般而言，社会学家将人的社会化分为两个阶段：初级社会化，主要指的是婴幼儿和童年期的社会化，家庭是这一时期的主要社会化机构。次级社会化，指的是童年晚期持续至成年期的社会化，学校、同辈群体和工作单位等是这一阶段的主要社会化力量。在此阶段，

---

① [美]安东尼·吉登斯．社会学（第5版）[M]．李康，译．北京：北京大学出版社，2009：133.

学校在人的社会化过程中起着基础性的作用。在学校生活中，学生“将系统地完成社会生活知识、行为规范准则、价值观、理想目标等决定未来一生的大部分社会化内容的学习”①。也就是说，人的基本社会化的完成是在学校中进行的。而在学校中，班级是学生社会化的主要场所，也是学生社会化的主要“代理者”。班级为学生社会化提供了所需的社会群体以及个体与群体相互作用的机会。“从功能的观点看，班级可以被看作一个社会化的机构。这就是说，它是培养学生个性品格，使他们在动机上和技能上都能胜任成人角色的一种机构”②，社会化是班级的重要社会功能。

班级，作为学生社会化的重要机构，是学生从家庭走向社会的桥梁。班级有类似于家庭的特征。在班级中，教师被要求对学生要有“教育爱”，要有一定程度的宽容和温暖。这类似于父母对子女的情感，和社会中的企业、政治机构等不同。尽管如此，班级和家庭是两个具有本质差别的社会化机构。家庭是情感主导的个性化交往机构，而班级则是一个成就主导的公共性交往机构。在家庭中，父母对子女的情感是第一位的，孩子的能力和成就是第二位的。父母和孩子的交往不必局限于明确的规则，是充满个性的、灵活多变的。班级中，教师首先关注的是学生的表现，教师的首要责任也是努力提高学生的表现，并按照共同的准则对学生的表现进行评价和区分。在班级中，学生经历的是“比他在家中单独学习到的要高一层次的

---

① T. Lidz. The Person-His Development Throughout the Life Cycle [M]. New York: Basic Books, Inc., 1968: 264–284； J. W. Coleman, D. R. Cressey. *Social Problems*（*4th edition*）[M]. New York: Harper & Row, Publishers, 1990: 97–109// 肖计划 . 论学校教育与青少年社会化 [J]. 暨南学报（哲学社会科学），1996（4）.

② [美] 塔尔科特・帕森斯 . 作为一种社会体系的班级：它在美国社会中的某些功能 // 张人杰，主编 . 国外教育社会学基本文选（修订版）[M]. 上海：华东师范大学出版社，2009：419–438.

社会价值观和准则的内化过程”[①]。

具体而言，学生在班级中要顺利实现社会化，承担未来的社会角色，需要学习的内容包括社会生活知识、社会规范、社会价值和理想目标等。这类似于帕森斯所提出的“责任感”和“能力”，这是学生未来承担社会角色的基本前提。学生如何才能习得以上内容，实现社会化呢？也即：学生在班级中实现社会化的机制是什么呢？对这一问题答案的寻求需借助心理学的研究成果。在心理学中，有三种理论可以用来解释社会化的机制：强化理论、社会学习理论和社会认同理论。强化理论是行为主义心理学的核心，它强调：通过强化手段对动机进行干预，从而影响行为的出现。这就意味着在班级的教学和管理中，教师可以通过赏罚机制的运用来激励或抑制学生的行为。班杜拉（Albert Bandura）反对行为主义心理学的强化理论，他认为：“实质上，所有来自直接经验的学习现象，都能够出现这样一个替代性基础，就是通过对别人行为的观察，观察者本身就能表现这种行为的结果。”[②]学习者借助观察其他人的“行为—结果”，而无须直接的“行为—强化”，便能实现行为的习得。在观察的过程中，学习者对示范性行为和结果具有主动认知和加工的能力，并能够形成自我调节的能力，学会为自己制订标准和自我评价。“在班杜拉看来，行为不仅是由环境所控制的，人们能直接体验到行为的结果，能通过观察他人替代性地体验到行为的结果，还能体验到由他们自己所创造的行为结果。这三种结果都影响人的行

① [美]塔尔科特·帕森斯.作为一种社会体系的班级：它在美国社会中的某些功能//张人杰，主编.国外教育社会学基本文选（修订版）[M].上海：华东师范大学出版社，2009：419–438.

② George M. Gazda, Raymond J. Corsini. Theories of Learning: A Comparative Approach [M]. F. E. Peacock Publishers, Inc., 1980: 373.

为。”[①] 在班级中，教师可以通过示范的设立、替代性强化的运用以及学生自我效能感的培养促使学生习得知识和规范，实现社会化。社会认同理论认为个体对所处群体的认同是产生群体所期望和符合群体规范行为的基础。泰费尔（Henri Tajfel）这样定义社会认同：“个体认识到他（或她）属于特定的社会群体，同时也认识到作为群体成员带给他（她）的情感和价值意义。”[②] 社会认同的形成是社会学习形成的前提和基础。因此，培养学生对于班级的认同应是教师的重要任务，也是学生实现社会化的前提。

三、班级的个性化功能

班级社会化功能的发挥并非对学生个性的压制。相反，社会化和个性化是人的发展的一体两面。社会化离不开人的个性化，只有在人的个性化发展中，人的社会化才有可能真正实现。个性化是社会化的内在属性，“社会化并非是一种‘文化的程序编制’（cultural programming），儿童在其中被动地吸收接触到的各种影响。即使是刚刚出生的婴儿都会有这样或那样的需要或要求，而这些需要或要求会影响负责看护他的那些人的行为。因此，儿童从一开始就是一个主动的个体”[③]。个性化还是社会化在结果层面的要求。人的社会化是个体对社会规范和价值的内化，最终形成人的个性，个性化是社会化过程的结果和反馈。与此同时，个性化也离不开社会化。社会化是个性化的前提和条件。“‘个性化’和‘社会化’概念的范

---

① 蒋晓.试论班杜拉社会学习理论及其教育意义[J].华东师范大学学报（教育科学版），1987（1）.

② H. Tajfel. Differentiation Between Social Groups: Studies in the Social Psychology of Intergroup Relations [M]. New York: Academic Press, 1978.

③ [美]安东尼·吉登斯.社会学（第4版）[M].赵旭东，等译.北京：北京大学出版社，2003：36.

围是互吻合的。这是因为，个性的发展有赖于它与社会环境的积极相互作用，个性的发展若处于他所处的那个社会的发展之外是不可想象的。”[①]社会化和个性化是个体发展同一过程的两个面向，它们是内在统一的。因此，班级社会化功能的实现要求其发挥个性化功能，个性化也是班级的重要功能。

何谓个性？它指的是“具有一定社会地位—功能的个人独有的对社会与个人发展有积极意义的心理—行为特征的总和”。（参见《人的个性范畴辨析》，载《江苏社联通讯》1989年第2期）[②]从这个定义，我们可以看出，个性是处于群体中的个人所独有的、别人无法替代的特性。那么，这个特殊的“心理—行为的总和”有哪些内容呢？它是以个体心理结构系统为载体的。具体而言，它包括“在个人的心理结构系统中运行着相互作用的心理倾向（需要、兴趣、理想、人生观等）、心理特征（能力、气质、情绪、性格、意志等）和心理过程（认知、评价、审美等）三个子系统”[③]。

个性虽然指的是个体相对于其他人的特殊性，但是孤立的个体是无法发展其个性的，而只有在社会交往的过程中才有可能形成独特的个性。在社会交往过程中，个人会将社会规范和价值内化，形成个性中的群体特性。此外，“交往活动中个人与他人的直接交往在人的个体性的形成和发展中具有特别重要的作用，因为就具体的个人来说，他与别人形成的交往关系是既不可重复又不可替代的”[④]。更重要的是，人的自我意识，作为个性形成的重要推动力，也形成

① 卫道治，沈煜峰. 论教育与人的社会化 [J]. 黑龙江高教研究，1987（1）.

② 沈建国. 怎样认识唯物史观中的个性内涵——兼答迟克举同志 [J]. 哲学研究，1991（8）.

③ 沈建国. 交往与人的个性发展 [J]. 宁夏社会科学，1993（3）.

④ 同上.

于个体的社会交往之中。在论述自我的形成机制时，米德指出："自我起源于社会，因为自我是由对话形成的。一切思考均为'内心的对话'，为了懂得怎样与自己对话，人必须首先与他人对话。个人是在社会经验中发现对话者的，在其经验中首先被给予的正是那些他人，在这个意义上，只有通过他人，个人才知道他自己的经验。"① 在此意义上，班级要促进学生个性发展，发挥其个性化功能，需要教师在班级中促进班级成员间的社会交往，并在交往过程中，推动学生自我意识的发展，从而实现个性的形成。

四、班级的选择功能

在班级中，教师不仅通过指导促使学生实现社会化和个性化的发展，还会对学生的发展进行评价。教师通过评价使学生产生分化，一部分学生继续在教育制度体系中往更高处努力，另一部分学生则被淘汰出教育体系，走入社会。很多研究表明，现代社会中人们的职业及收入水平和受教育程度有着非常密切的关系。这也就说明，班级中的这种分化关系到学生走入社会后的职业及收入水平的分化，最终影响社会地位的分化。因此，班级还承担着选择功能，通过将学生分化赋予其不同的职业，将他们置于不同的社会和经济地位。唐迅称这一过程为"社会地位分配中的选择功能"。他指出："青少年因其年龄、性别、能力、成绩及所处的不同角色历程与环境等，进入不同类型的学校、班级和小组。学生们的这种分化和分类现象与他们未来的社会角色地位的分配和社会阶层密切相关，因此，班级的教育过程在社会地位的分配和社会阶层的分化及社会流动的机

① 于海．西方社会思想史 [M]. 上海：复旦大学出版社，1993：369.

制中具有选择功能。”[①]

帕森斯发现美国班级也发挥着社会选择的功能，他认为这取决于美国学校教育中班级结构的四个特点：第一，根据年龄和“家庭背景”决定的“竞争者”起点地位的平等；第二，班级中教师布置给学生的普通作业同其他大多数领域内的任务相比较，真是惊人的相同；第三，在作为成人并代表成人世界的唯一的教师与处于起点平等的学生之间存在着明显的两极性；第四，有一个对学生表现进行评价的相对系统的过程。……这种评价是为未来的社会地位进行选择的基础。[②]我国班级从结构上来说，与帕森斯的描述有相同之处，但也存在一些差别。帕森斯所描述的班级中，每个班级只有一位教师，决定学生分化的是教师和校长的“学校操行记录”，主要由学生的认知能力和道德表现组成。在我国，每个班级有多个教师，教师对学生的评价不能直接影响学生的分化，直接决定学生分化的是标准化的考试。尽管如此，教师对学生在认知和道德方面的评价会影响教师教学及学生学习，从而间接影响学生的考试成绩。我国班级选择功能的运作机制和帕森斯所描述的选择机制略有不同。

① 鲁洁，主编．教育社会学 [M]. 北京：人民教育出版社，1990：427.

② [美] 塔尔科特·帕森斯．作为一种社会体系的班级：它在美国社会中的某些功能 // 张人杰，主编．国外教育社会学基本文选(修订版)[M]. 上海：华东师范大学出版社，2009：419-438.

第二章

班级形态的历史演变

班级，虽然已成为我国学校教育中极为常见和普遍的组织和制度，却并非“土生土长”的。清朝末年，伴随着西方社会及教育制度的发展，班级授课制进入我国，嵌入我国教育文化之中。此后，在与我国经济、社会和文化不断磨合的过程中，其自身发生了各种改变并在我国社会和文化中生根发芽。如今，班级已扩散至我国学校教育的各个层面，被人们广泛接纳，成为大家习以为常的学校组织。回顾班级在我国社会及文化中生长、扩散和变化的历史过程，能够让我们更好地理解我们今天的班级形态，也能够让我们更立体地理解班级存在的问题以及各种改革的努力。

第一节　清政府时期的班级

清末，我国教育制度开始了从传统向现代的转变。伴随着科举考试的废除，各种新式学堂相继出现。在新式学堂的建立过程中，班级成为学堂的基本组织单位，班级授课制也成为学堂教学的基本组织形式。于此，班级作为西方的教育制度进入我国，并完成了基本模式的构建。

一、班级的萌芽

在我国，学界较公认的是，班级最早出现于京师同文馆。由于培养外交语言人才的需要，清政府于1862年建立京师同文馆，并聘请外教。同文馆首次设立英文馆，招收“十名学生”。此后，法文馆、俄文馆、德文馆、东文馆相继设立，每馆学额不超过二十四名。对于这些学生，同文馆章程要求“分设教习以专训课”，并“分堂教授”。[①] 在此，班级元素初露端倪，学生按照所学语言分班，每班由两类教习（汉教习和洋教习）担任教授。不过，由于首次设立以及学生人数少等原因，同文馆章程将重点置于考试、教习的聘用和学生的管理等，而未对班级及编制进行更多规定，班级的基本架构还未能形成。

自同文馆初创“分堂授课”后，各类学堂创立时纷纷效仿，以“班级”作为编排学生及组织授课的方式。有关班级的规定开始出现在学堂章程之中。1880年，天津水师学堂章程对学生分班做出这样的规定：

> 学生初次选入学堂，以文理全通，读书甚多者为第一班；文理未尽通顺而读书已多者，为第二班；书读不多，文理未尽通顺而资性颖悟过人者，为第三班。[②]

---

① 朱有瓛，主编．中国近代学制史料（第一辑 上）[M]．上海：华东师范大学出版社，1983：7–8.

② 同上，507.

江南水师学堂创立时，在其章程中也有类似的规定：

> 学堂分驾驶管轮两门，各以六十人为额，以二十人为一班。学生入堂试习四个月分别去留，后视其英文浅深，第其资质进境，分作一、二、三班。英文胜者为一班，每月每人除饭食外给赡银四两，次者为第二班，每人除饭食外给赡银三两，再次者为第三班，每月每人除饭食外给赡银二两，其在堂试习未满四月者，只与饭食不给赡银。①

可见，相较于同文馆的“分堂教学”，各学堂在班级设置上往前迈出了重要的一步。它们开始将学生能力作为分班的标准，而不是将学生按语种自然分班。这在一定程度上保证了班级成员能力的相似性，为班级的统一教学、管理和评价提供了可能，也能够在一定程度上保证其效果。此后，“分班”逐渐成为各类学堂创立时人们有意识思考和关注的问题，能力成为分班的主要标准。1899 年，京师大学堂设立之初，“京师大学规条”便强调了按能力分班的重要性：

> 学校分班最为要义，不持以区别为鼓励，且使同班功课一律，不至参差。似宜就原议详加分析，凡中学已通，而西学又知门径者作为头班；中学已通而西学尚不知门径者作为二班；其仅通中文而未通中学者作为三班，其中文尚未通者，则与原议十六岁以下，十二岁以上诸生同归入小学堂内。其分班之处，入学时由教

---

① 朱有瓛，主编．中国近代学制史料（第一辑 上）[M]. 上海：华东师范大学出版社，1983：524.

习等切实考验分派，庶循序而进，不至凌节而施。[①]

除将学生按能力高低分至不同的班级，班级间的递升及年限要求也有相关规定。1895 年，天津中西学堂创办时对班级间的递升做了这样的规划：

第二年起，每年即可拔出头班三十名升入头等学堂。其余以次递升，仍每年挑选三十名，入堂补四班之额，源源不绝。[②]

此后，班级有序高效的运行，为学堂授课提供秩序保障，成为各学堂管理者关切的问题。围绕班级运行出现了越来越多的规条，对班级的规定也越来越多维。首先是每日授课的时间和科目得以标准化，课程表成为班级授课的依据。例如，求是书院章程便详细规定了一周中各班上课的时间安排和科目：

求是书院四月下旬开院，章程早已厘定，惟课程未见。经总教习王令更君拟定学生分为三班，习过英文者第一班，习过算学者第二班，一事未习者第三班，课程录左。

礼拜一，九点至十点，三班地理，一班英文；十点至十一点，二班算学，三班英文；十一点至十二点，二班英文。

礼拜二，九点至十点，一二班地理，三班英文；十点至十一点，一三班算学，二班英文；十一点至十二点，一班英文。

---

① 朱有瓛，主编 . 中国近代学制史料（第一辑 下）[M]. 上海：华东师范大学出版社，1983：671.

② 同上，491.

礼拜三，一点半至二点半，一二班地理；二点半至三点半，一二班算学；三点至四点半，一二班练字。

礼拜四，一点半至二点半，三班地理；二点半至三点半，一班算学；三点半至四点半，一二三班练字。

礼拜五，同礼拜三。

礼拜六，同礼拜四。①

除了对班级的授课时间和内容做了详细的规定外，学堂还对学生在课堂上的行为进行了规定，形成了各种针对学生的规条，以此保证班级授课的秩序和效果。如，江南储才学堂要求学生：

各生在讲舍授课之时，均宜端坐静听，其未能明晓者，就前从容请质，不得傲慢呼问。……

讲舍习课，派定书桌编列号目。学生功课，由洋文教习各立分数簿一册，每项以二十分为额，每礼拜六晚汇结，按分数多寡以定名次开单给阅。礼拜一入堂各生，即按名次定坐，不准紊乱，违者戒责。板上功课图式在后排观看不清，应回明至前详视。②

南阳中学对学生在学校内的行为做了全面的规定，其中针对学生班级内行为的规定有：

第二条　学生在教室内须恪守下开诸项：

① 朱有瓛，主编．中国近代学制史料（第一辑 下）[M]. 上海：华东师范大学出版社，1983：256.

② 同上，561.

一、上课时内，不得言笑出入。

二、不论上何项课时，不得带阅其他项书籍物件。

三、闻钟即入，不得逾五分钟。

四、授课始终，均向教员起立示敬。①

经过这段时间各学堂对班级设置的实践探索，班级初现雏形，班级基础架构得以形成。班级划分标准、班级间不同层级的递升、班级授课的时间和科目、班级规范都基本确立，成为学堂创立和运行的重要方面。此外，各班级教习数量和学生数量也在这一时期的学堂章程中有明确的规定。另外，部分学堂开始设置“班长”，也有学堂对教授方法提出要求，比如要求教习同时对全班学生进行教授，“学堂中西功课教习，不能为一人指授，诸生一日不到，即少一日课程”②。可见，班级授课的标准化和统一化要求已开始被接受，基于教学计划的课程表开始成为班级教学的依据。

二、班级形态的多样化探索

历经三十多年的实践探索，班级编制的基本架构得以形成，班级开始在中国学校中展现其基本样态。这为此后小、中、高学堂的班级设置奠定了实践和经验的基础。在“奏定初等小学堂章程”和“奏定高等小学堂章程”中，关于班级设置都初步形成了较为系统的要求。“奏定初等小学堂章程”对班级教学科目及每周教学时长进行了规定，还对班级编制方法进行了要求：根据学生学习程度（学级），而非学生年龄编班。

---

① 朱有瓛，主编．中国近代学制史料（第一辑 下）[M]. 上海：华东师范大学出版社，1983：613.

② 同上，561.

第八节　初等小学堂若合数学年长幼不一之儿童，视其功夫深浅、同一学级应共编为一班者，则不拘各学生之年岁，但依同一之程度教之。

…………

第十五节　堂内人数之多寡，以学级数之多寡为定：一初等小学堂之学级数，至多勿得过十学级。（初等小学堂每半年收新学生一次，五年毕业期内共应收新学生十次；入学既有久近，学业因有深浅。一堂中学生高下之等必多参差不齐，则教法亦不同等级，故名为学级。同一学级者，讲授时同为一班，即学堂中学生分为头班二班三班之说也。）①

此外，“奏定初等小学堂章程”还对班级的人数、教员数及班级类型进行了详尽的说明。

第十六节　初等小学堂，每一讲堂止可在六十人以下，不宜再多。

第十七节　修身体操，可合数学级之儿童同时教之。

第十八节　凡初等小学堂儿童之数，六十人以上一百二十人以下，例置本科正教员一人；其力足添置副教员一人者听。又或学舍狭隘，不能容儿童同时教授时，可分儿童为二起；俟前一起教授毕，再教授后一起。

第十九节　凡初等小学堂各学级，置本科正教员一人。

小学堂遇本科正教员乏人，不能按各学级置一本科正教员时，

① 朱有瓛，主编．中国近代学制史料（第二辑 上）[M]. 上海：华东师范大学出版社，1983：183–184.

可于每二学级置本科正教员一人及副教员一人；其副教员当受正教员之指示教授儿童。

第二十节 初等小学堂可随宜置专科正教员。

第二十一节 本科正教员系通教各科目，专科正教员系专教图画体操手工中之一科目。

第二十二节 全堂儿童，其功夫深浅同等、教授同班、编为一学级之学堂，名为单级小学堂；其功夫深浅不同、教授不同班、编为二学级以上之学堂，名为多级小学堂；其功夫深浅虽同等，教授虽可同班，而限于屋舍窄狭，只可将儿童分为二起教授，各占半日，名为半日小学堂。①

自“奏定初等小学堂章程”和“奏定高等小学堂章程”颁布后，“班级”成为大、中、小各级学堂教育教学的基本单位。为使班级为单位的教学更好地运行，一些学堂在办学过程中，还在章程之外对学生在班级内的行为做出了详细的规定。以下是龙门师范学校附属小学校（1908 年）的“教室规则”：

第一条 上课退课，悉依钟令，出入一律排班。

第二条 教师就座离座时，依级长口令，行敬礼。

第三条 教师点名，须朗声应到。

第四条 课业应用品一律携带，非课业应用品概勿携带。

第五条 座位由教师派定，勿擅移易。

第六条 上课时，勿与同学谈话。

---

① 朱有瓛，主编 . 中国近代学制史料（第二辑 上）[M]. 上海：华东师范大学出版社，1983：184–185.

第七条 上课时，欲发言或出位者，先举手以请教师之许可。

第八条 质问应对，均须站立。

第九条 上课迟到者，须经教师许可，然后就座。

第十条 非上课或值日时，概勿入室，如有要事欲入，须经教师许可。

第十一条 上课时，概勿出室，饮茶溲便，均在游息时间。

第十二条 室内戒涕唾，必不得已，告知教师，吐入痰罐。

第十三条 桌椅宜留心保护，屜内宜整洁，纸屑必入字簏。

第十四条 客来参观，教师行敬礼者，亦行敬礼。①

在章程的落实过程中，很多地区，尤其是在乡村中，存在着很多阻碍教育普及和发展的因素。例如，因为经费不足无法聘任足够的教员，教室狭窄无法容纳所有学生；又如，有些地区上学路途遥远，或者为了生计很多学生只能辍学。还有一些地方，因为经费不足或学校儿童较少，且程度参差不齐，学校运行存在困难。为排除这些障碍因素，相关部门于1911年对班级编制及教授法进行了调整。针对前者，原来的普通教授被二部教授替代。普通教授是将同一学级学生分为若干班级，每个班级聘用一位教员，全日负责此班教学。二部教授则将全校学生分为两部分，一部分在上午教学，而另一部分在下午教学，由一位教员进行教学。二部教授的班级编制分为单式二部教授和复式二部教授：

① 朱有瓛，主编．中国近代学制史料（第二辑 上）[M]. 上海：华东师范大学出版社，1983：246.

一、单式二部教授

甲 同学年学生分为前后二部。例如某学年生共百人，以五十人为前部，五十人为后部。

乙 异学年学生分为前后二部。其每一部中学年仍复相同。例如甲学年生五十人，乙学年生五十人，则分甲乙为前后二部。

二、复式二部教授。异学年生分为前后二部，而每一部中各合两学年生为一级。例如一二三四等年学生共百人，合一四两年生成一学级，为前部。合二三两年生成一学级，为后部。[①]

针对后者，此次调整决定采用单级教授，将不同年级学生编为一学级，分为若干班级，一位教员教所有班级。单级教授的班级编制方法如下：

一、合两学年生为一级，一学级中分二班，分举各例如下：

甲 第一学年生为一班，第二第三学年生为一班。编二班为一学级。

乙 第二学年生为一班,第三学年生为一班。编二班为一学级。

丙 第三学年生为一班,第四学年生为一班。编两班为一学级。

二、合三学年生为一级，一学级中分三班。分举各例如下：

甲 第一第二第三学年生各为一班，编三班为一学级。

乙 第二第三第四学年生各为一班，编三班为一学级。

丙 第一第三第四或第一第二第四学年生各为一班，编三班为一学级。

---

① 朱有瓛，主编 . 中国近代学制史料（第二辑 上）[M]. 上海：华东师范大学出版社，1983：348.

三、合三学年生为一级，一学级中分二班，分举各例如下：

甲　第一学年生为一班，第二第三学年生为一班，编二班为一学级。

乙　第二第三学年生为一班，第四学年生为一班，编二班为一学级。

丙　第一学年生为一班，第三第四学年生为一班，编二班为一学级。

四、合四学年生为一级，一学级中分四班或三班，分举各例如下：

甲　第一第二第三第四学年生各为一班，编四班为一学级。

乙　第一学年生为一班，第二第三学年生为一班，第四学年生为一班，编三班为一学级。

丙　第一学年生为一班，第二学年生为一班，第三第四学年生为一班，编三班为一学级。

第四条 凡单级教授之初等小学，其学生以六十人为限。①

至此，我国班级形态出现了三种类型：普通教授班级、单级教授班级和二部教授班级。它们是人们在特定社会情境下探索出的具有地方特色的班级形态，促进了初等教育在我国的普及。

第二节　民国时期的班级

民国时期，学校教育制度进行了多次改革，推动了学校教育的

① 朱有瓛，主编. 中国近代学制史料（第二辑 上）[M]. 上海：华东师范大学出版社，1983：346-347.

发展。在班级层面，清末所构建的班级基本架构得以延续。民国时期，班级依然是学校的基本单位，学校教学还是采用班级授课制的形式。然而，在此基本架构之下，民国时期的教育研究者和实践者开始对班级授课制存在的问题进行反思，并在实践层面进行了改革的探索。

一、班级基本架构的维持

民国之初，教育部于1912年颁布“小学校令”“中学校令”“专门学校令”和“大学校令”，对学校的设置、科目、职员、设备、学费等问题进行了规定，但没有提及班级编制的有关问题。1915年教育部公布“国民学校令”和“高等小学校令”，而在1916年公布的“国民学校令施行细则”和“高等小学校令施行细则”中，班级编制问题才被提及并具体说明。在“国民学校施行细则”中，有关班级编制应按照以下要求进行：

第十七条 国民学校之学级数，须在十二学级以下。

…………

第十八条 一学级之儿童数须在六十人以下，但有特别情事得增至七十人。

第十九条 国民学校或其分校，同学年之女生数足敷编制一学级时，应分别男女各编学级；但第一第二学年不在此限。

第二十条 修身、读经（修正案删此二字）、手工、唱歌、体操、缝纫，得合数学级全部或一部之儿童同时教授之；但手工、缝纫之儿童数至多不得逾六十人。

第二十一条 国民学校或分校，遇有下列各款之一者，得将全部或一部之儿童分前后（修正案删此二字）二部教授：

一、每学级不能置一正教员者；

二、校舍不能同时收容儿童者；

三、儿童就学上、教授上有特别之必要者。

第二十二条　国民学校各学级，应置正教员一人。

依地方情形，得于每二学级置正教员一人，助教员一人。助教员承正教员之指挥教授儿童。

有特别情事时，依前项规定外，得更置助教员，使之辅助教授。

依前条规定分二部教授时，每前后（修正案删此二字）二学级以置正教员一人为常例。

第二十三条　凡四学级以上之国民学校校长担任教授者，得置正教员或助教员一人辅助其教授。

第二十四条　国民学校得酌置专科教员。

…………

第二十六条　全校儿童编为一学级者，为单级国民学校；编为二学级以上者，为多级国民学校。①

从以上对班级编制的规定中，我们可以看出民国初年的教育建设在班级编制层面并未有实质性的改变，基本还承袭清末所形成的班级编制办法。清末分级的能力标准此时变换为入学先后，也即按学年进行分级。

二、班级改革的实践探索

以学年为标准的分级方式导致了班级学生的能力参差不齐。在各学校的实践中，少数学校开始注意到班级这种教学组织形式的问

① 舒新城，编．中国近代教育史资料（中册）[M]. 北京：人民教育出版社，1981：474–476.

题，其中最主要的便是忽视学生的差异和个性。为此，这些学校便开始在实践中对班级进行改变和调整，以关注学生的差异。上海尚公小学教员高士英的《劣等儿童之训育》一文开始注意到同班学生成绩的高下之分，而成绩较差生“彷徨歧路”的根源则在于教师不能关注学生的特殊性并使用不同的教学方法。因此，他提出通过“分级”或“分组”教授，从班级编制上进行调整，解决成绩较差学生的教育问题。

> 一学级中，儿童数十，或优或劣，势所难免。教师为谋教授上之便利，遇劣等儿童为数较多，并察知其智力发达，相差过远时，得酌度情形，分优劣为两级。或劣等儿童进步稍迟，尚无分级之必要，可编为上下两组，而施复式教授。①

俞子夷在《一个小学十年努力记》中也讲述了东南大学附属小学在班级编制上的改革。由于“旧时学级编制，完全依据学业成绩，而升调又必在一学期结束以后，似乎太缺弹性作用”②，东南大学附属小学于 1921 年对班级编制进行了改革和调整，借助教育测验和上课考察，将班级进行了灵活的分组。具体措施如下：

> 全校学级编制，从幼稚园起，各学年都分上下二级。在学期开始的两星期里，根据教育测验的结果和平日上课的情形，详细调查学生的学力。到两星期终，分成甲乙两组；再教两星期后，把乙组再分乙丙两组。从第五星期起，各组各照本组的速度进行，

---

① 朱有瓛，主编．中国近代学制史料（第三辑 上）[M]. 上海：华东师范大学出版社，1983：181–182.

② 同上，227.

不相牵制。……一学期结束时，下一级的甲组和上一级的丙组，可以学到同一地方。于是这两组并起来了。下学期开始的时候，也照上面的方法，重行编制。这样，迟钝的学生，可以按步进行，敏速的学生，也不受别人的牵制。①

在这一时期，“学生自治”在班级管理中受到重视，从班级中选择若干学生，与教师一起承担训育工作。如上海万竹小学便从学生中遴选出“值日生”和“级长”等承担班级训育工作。前者主要负责“整理教室，主持级务”，后者负责“辅助教员，整顿级风”。②于此，班级内出现结构的分化。③

这一时期学校教育实践中的关注学生特殊性以及通过分组改革班级的做法对1922年新学制（三三学制）的制定也产生了影响，并在其主导思想和内容中体现出来。新学制将“儿童中心”作为中心原则，在学制制定上力图照顾学生的个性，因此规定初级中学和高级中学采用分科制。南京高等师范附属中学于当年秋季便开始新学制的落实，对班级编制进行改革，“破除学年制，采用能力分组办法，凡学生升班，都用学科做单位”④。这打破了传统班级的统一课程和统一标准，能够顾及学生的个性。

由于中学采取分科教学，每位教师担任一门学科的教学工作，同一班级不同学科及教师之间的联系和整合受到关注，一些教育研究者和实践者开始对这一问题进行思考。早在1918年，天民在《中

① 朱有瓛，主编．中国近代学制史料（第三辑 上）[M]. 上海：华东师范大学出版社，1983：227.

② 同上，218.

③ 实际上，学生辅助教务并非这一时期的新发明。清朝末年，为减轻二部教授和多级教授实施中教员的负担，一些学校就从学生中选一位任班长或者教员助手。

④ 南京师大附中，编．南京师大附中 [M]. 北京：人民教育出版社，1997：23.

学校亟须改革指点》一文中便指出：

> 中学校之各教科，其教材之选择及排列，当注意而使之联络，与小学校曾不少异。然小学校之教科书为统一的，其教师非分科担任而为学级担任，故教授上各学科之联络甚易。若夫中学校教师则通例为学科担任，各施专门的教授，故于各教科之联络关系至为忽略，且教科书之编辑者大半唯依自己学问上之见解与教育部之教授要旨，以酌定编辑之旨趣，故关系密迩之各学科间，恒不免有矛盾或重复之事项参错其中，而极重要之事实或各学科反皆遗漏，如斯之类不可殚述。①

此外，为加强各科教师间的联系，形成对学生的共同指导，保定育德中学设置班主任一职。

> 每班有主任一人，司训练一班学生之责，平时考察学生品行。每日之终，与该班教员开谈话会一次，评定该班学生品行之甲乙，并讨论培植学生品行的方法。②

综上可见，民国时期在学级编制上基本实现了从学年制向学科制的转变，这也使这一时期班级的形态和清政府时期有了根本的不同。

---

① 朱有瓛，主编．中国近代学制史料（第三辑 上）[M]. 上海：华东师范大学出版社，1983：394.

② 同上，516.

第三节　新中国成立后的班级

新中国成立之初，我国教育目的和宗旨发生了根本性的转变，1949 年颁布的《关于中等学校改革的指示》对学校管理体制提出了改革的要求。不过，班级依然是学校教育教学工作的基本单位，以班级为单位的课堂教学仍然是学校教学的基本形式。自新中国成立至今，班级既维持着某些传统，同时也在实践中不断调适和发展。

一、班级运行模式的完善

就运行模式而言，新中国成立后的班级保留了传统班级的基本架构和运行模式，同时在实践中不断完善。1952 年，我国教育部颁发的《小学暂行规程（草案）》和《中学暂行规程（草案）》中都对班级的规模及组织形式进行了规定。其中，《小学暂行规程（草案）》规定：

> 小学每班儿童名额：乡村以二十人至五十人为原则，城镇以三十人至四十五人为原则。除依照年级组织单式班外，名额不足的，可将程度不同的年级，组织为复式班。并可将全校各年级儿童组织为单班小学（旧称单级小学）。①

新中国成立之初，由于一些小学生源不足，学生数量较少，班级在形态上除了单式班外，还有复式班和单班小学。不同形态的班级，

① 《中国教育年鉴》编辑部，编．中国教育年鉴（1949—1981）[M]. 北京：中国大百科全书出版社，1984：728.

其内部学生能力结构存在着差异。在单式班中，学生能力基本处于同一级别；在复式班中，学生能力虽有等级差异，但由于被复合的年级数是有限的，学生能力的等级差异也是有限的；在单班小学中，全校学生被置于同一班级之中，学生能力的等级差异更大。这样，对于不同形态的班级，教学和班级管理的办法也是不同的。它们构成了新中国成立后小学校中班级的主要类型。

在小学班级中，“分科教学”虽受到提倡，但很多小学由于师资缺乏，无法实现。因此，在《小学暂行规程（草案）》中，对分科教学虽有倡议，但并不强制：

> 小学各班采教师负责制，各设班主任一人，并酌设科任教师。[①]

与此类似，《中学暂行规程（草案）》也对班级的规模和教师人数做出明确的规定，并要求每班设置班主任一职。不同的是，“分科教学”在中学有着更为明确的要求。不过，这种“分科教学”不同于民国时期的“分科制”，它是在班级的统一课程和教学中的“分科”。无论是在中学还是小学，班级编制都是以“学年”而非学科为基础的。在《小学暂行规程（草案）》中规定，小学的入学年龄以七岁为标准，小学的学习年限为五年。同一年入学的学生被编为一班，接受统一的课程教学以及考试评价。《小学暂行规程（草案）》和《中学暂行规程（草案）》分别对小学和中学的教学科目及时间进行了规定。其中，小学五年所教学科及时间如表 2-1。

① 《中国教育年鉴》编辑部，编．中国教育年鉴（1949—1981）[M]. 北京：中国大百科全书出版社，1984：728.

表 2-1　教学科目和时间表[①]

科目	学年					
	每周课数（节）					五年合计课数（节）
	周一	周二	周三	周四	周五	
语文	14	14	14	10	10	2356
算数	5	6	7	7	7	1216
自然	0	0	0	3	3	228
历史	0	0	0	3	3	228
地理	0	0	0	2	2	152
体育	2	2	2	1	1	304
图画	1	1	1	1	1	190
音乐	2	2	2	1	1	304
总计	24	25	26	28	28	4978

说明：

1. 教学时间每节为 45 分钟（每节课后休息时间以 10 分到 15 分钟为原则）。

2. 五年合计时间以每年上课 38 周计算。

3. 语文包括阅读、说话、作文、语法、写字。

4. 算术包括珠算。珠算在第四、五学年教学。

5. 第一、二、三学年不设常识科，教师应将自然、社会等常识，在语文及其他各科教学和课外活动中联系进行。

6. 第四、五学年自然科中包括卫生常识。

7. 图画包括绘画、剪贴等。

8. 劳作在各科教学的实验、实习中和课外另定时间教学，不

① 《中国教育年鉴》编辑部，编．中国教育年鉴（1949—1981）[M]. 北京：中国大百科全书出版社，1984：727.

列入教学科目内。

9. 各校得根据实际情况增减教学时间；但增减的时间每周不得超过两节。

此外，班级教学过程中使用的教学大纲和课本都有统一的规定：

第十九条　小学各科教学大纲由中央教育部另行规定。

第二十条　小学课本由中央教育部统一编辑；在未编出前暂用中央教育部指定的课本。不用课本的各科教材，由中央教育部组织领导各级人民政府教育行政部门编辑。[1]

除了相同的教学内容和时间，班级中的学生还需要接受同样的考核。由于学生能力不同，学生在考核中所获得的成绩也不尽相同。这样，考试成绩好的学生便能够“升级”，而考试成绩差的便需要“留级”。对于考核、学生的升级与留级，《小学暂行规程（草案）》这样规定：

第二十三条　小学儿童学业成绩的考查，应逐步采用五级制记分法（以得三分的为及格）；各地方在未采用前，得暂用百分记分法。

第二十四条　小学儿童学业成绩的考查，依照下列的规定：

一、平时考查：由教师于平时用口述和笔述的问题，叫儿童口答和笔答，随时就成绩记分，每月至少两次，每学期总结两次，

① 《中国教育年鉴》编辑部，编 . 中国教育年鉴（1949—1981）[M]. 北京：中国大百科全书出版社，1984：727–728.

一学年共总结四次。

二、学年考查：第一、二、三、四学年各班，由教师于学年终根据儿童平时成绩的发展情况，酌定分数，作为学年总成绩，不举行学年考试。

三、毕业考查：由教师于儿童毕业时分科举行毕业考试，就成绩记分，和第五学年的学年成绩结合起来，作为毕业总成绩。

第二十五条　小学儿童操行成绩的考查，由班主任会同科任教师根据生活指导标准就儿童平时行为经常记分，约每两个半月总结一次，每年共总结四次，结合为学年总成绩，并用具体评语指出儿童的优点和缺点。总成绩的评定，采用五级制记分法，以三分为及格。

第二十六条　小学儿童升级、留级，依照下列的规定：

一、修完一学年，各科学业成绩及格的，准予升级。不及格的，教师应负责予以补习；补习后语文、算术仍有一科不及格或其他科目仍有二科不及格的，应予留级。

二、超龄儿童（例如八、九足岁肄业小学一年级的，余类推）成绩特别优良，身体强健，力能超升一级的，经考查及格，得予以超升一级的机会。①

由上述对于考试和升、留级的规定可见，将同一学年但能力不同的学生编为一班，接受同样时间、内容和教师的教学，难以照顾到学生的能力差异，使得不同能力的学生在班级教学中所获得的学习效果不同。为此，教师通过考试来考查学生在学习效果上的差异，

① 《中国教育年鉴》编辑部，编 . 中国教育年鉴（1949—1981）[M]. 北京：中国大百科全书出版社，1984：728.

并通过补习和留级的方式来照顾那些学习能力较差的学生，以弥补统一编班对学生能力差异的忽视。

二、班主任制度的发展

伴随着教育体制的重建，班级组织的基本样态得以恢复，并在编班原则、教学以及考试等层面不断规范化。同时，新时期班级组织的运行也呈现出了新的特征：班级的道德教育功能得到凸显，这突出表现在班级建设过程中对班主任工作的强调。班主任并非新中国成立之后才设置，在清末便有文献提及班主任一职。在民国时期的中学，为了解决“分科制”班级编制所带来的各科教师之间缺少联系的问题，有中学设置班主任一职，用以联系各科任教师。尽管如此，班主任却并未受到太多的重视。新中国成立后，《小学暂行规程（草案）》和《中学暂行规程（草案）》中都要求班级设置班主任教师，负责联系各科教师，并评价学生在班级中的操行表现。改革开放后，学生的思想品德受到重视，道德教育被置于学校教育工作的重要环节。1963 年颁布的《全日制小学暂行工作条例（草案）》专门针对思想品德教育提出要求，它强调“必须对学生进行共产主义思想品德教育”，并将班主任视为这一教育的重要担任者。它指出：

> 班主任应该在少年先锋队辅导员和其他任课教师的协助下，经常了解本班学生的学习、思想品德、健康等各方面的情况，及时进行教育和帮助；组织和指导学生的劳动和课外活动；指导本班的少年先锋队工作；进行家长工作。①

---

① 《中国教育年鉴》编辑部，编 . 中国教育年鉴（1949—1981）[M]. 北京：中国大百科全书出版社，1984：700.

为更好地促进教师担任班主任工作，提高班主任的工作质量，1979 年教育部、财政部和国家劳动总局发布《关于普通中学和小学班主任津贴试行办法》，对班主任津贴的要求和标准进行了规范。该办法规定了班主任的津贴标准，并要求班主任应履行相关工作要求。《关于班主任工作的要求》呈现如下：

（一）热情关怀、爱护学生，负责做好本班学生的思想政治工作，教育学生遵守中、小学生守则，努力使本班形成一个遵守纪律、团结向上、勤奋学习、朝气蓬勃的集体，使学生在德育、智育、体育几方面都得到发展。

（二）经常与科任教师联系，了解和研究学生的思想学习情况，教育学生明确学习目的，端正学习态度，改进学习方法，学好各门功课，不断提高学习成绩。

（三）关心学生的生活和身体健康，加强生活管理，组织和指导本班学生参加文体活动，搞好清洁卫生，培养学生具有良好的生活习惯。

（四）组织领导班委会的工作，指导本班共青团、少先队开展活动。

（五）负责组织领导本班学生参加生产劳动，指导学生的课外活动，配合有关科任教师开展课外科技活动。

（六）与学生家庭和社会有关方面取得联系，加强学生的思想政治工作。①

① 孙琬钟，主编 . 中华人民共和国教育法律法规全书（下卷）[M]. 北京：中国法律年鉴社，1998：1234–1235.

班主任作为班级的组织者和指导者，受到了教育管理部门的重视。1988 年，国家教育委员会发布《小学班主任工作暂行规定（试行）》，对班主任工作进行了全面、系统的规定。该规定对班主任的地位、作用及基本任务进行了说明，并进一步明确了班主任的工作职责：

> 三、按照《小学德育纲要》，联系本班的实际，进行思想品德教育，着重培养学生良好的道德品质、学习习惯、劳动习惯和文明行为习惯。
>
> 四、经常与任课教师取得联系，了解学生的学习情况，协同对学生进行学习目的教育，激发学习兴趣，培养刻苦学习的意志，教会学习方法，学好功课，并掌握学生的课业负担量。
>
> 五、关心学生的身体健康。教育学生坚持体育锻炼，注意保护视力，培养良好的卫生习惯。
>
> 六、指导班委会和少先队工作。培养团结友爱、积极向上的班集体。做好学生的个别工作。
>
> 七、指导学生参加劳动实践。关心学生的课余生活，支持并组织学生开展各种有益的课外活动。
>
> 八、搞好班级的经常性管理工作。对学生进行常规训练，做好学生的品德评定和学籍管理工作。
>
> 九、经常与家长保持联系，互通情况，取得家长的支持与配合，指导家长正确教育子女，注意争取社会力量教育学生。①

---

① 全国人大常委会法制工作委员会研究室，编审. 中华人民共和国行政法律法规全书 第六卷 [M]. 北京：中国民主法制出版社，2000：3479.

在此基础上，该规定还明确了班主任工作的原则和方法，对班主任的任职条件和任免等方面提出了要求。至此，围绕班主任建立了较为系统的规范，班主任制度基本得以建立和成形。1993 年，国家教委颁布《小学德育纲要》，提出小学德育的途径之一是“班级教育”，班主任应是班级教育的领导者。此纲要指出：

> 班级教育是向全班学生进行经常性的思想品德教育和组织管理工作。班主任是班级教育工作的组织者和领导者。要全面了解学生，组织培养班集体，开展各种教育活动，加强班级管理，深入细致地做好个别学生的教育工作，建立和形成良好的班风；协调班级各方面的教育力量，保持教育的一致性。[①]

1996 年,《小学管理规程》进一步明确了班主任的德育工作内容:

> 小学应在每个教学班设置班主任教师，负责管理、指导班级工作。班主任教师要同各科任课教师、学生家长密切联系，了解掌握学生思想、品德、行为、学业等方面的情况，协调配合对学生实施教育。[②]

可见，班主任的日常工作被分为两个领域：第一，联系各科教师，弥补分科教学所带来的各科教师之间的孤立状态；第二，在班级管理的过程中对学生进行道德教育。道德教育已经被视为班主任日常

---

① 教育部基础教育司，编．中小学德育工作文献规章要览 [M]. 北京：人民教育出版社，1998：68.

② 全国人大常委会法制工作委员会研究室，编审．中华人民共和国行政法律法规全书 第六卷 [M]. 北京：中国民主法制出版社，2000：3513.

工作的重要内容，道德教育工作趋向日常化。在此过程中，班主任工作重心已经悄然发生了转移，班主任的道德教育职责受到越来越多的强调。2006年，为落实未成年人思想道德建设的要求，教育部发布《教育部关于进一步加强中小学班主任工作的意见》，明确了中小学班主任工作对于学生教育的重要意义。在这一意见中，班主任的道德教育职能被进一步强化：

> 中小学班主任与学生接触较多，沟通便利，影响深刻，肩负着育人的重要职责。
>
> 要做好中小学生的教育引导工作。认真落实学校德育工作的要求，积极主动地与其他任课教师一道，利用各种机会开展思想道德教育，引导学生明辨是非、善恶、美丑，从身边的小事做起，逐步树立社会主义荣辱观，确立远大志向、增强爱国情感、明确学习目的、端正生活态度、养成良好的行为习惯。

班主任被视为学生道德教育的“骨干”，成为学生道德教育的主要实施者和指导者。班主任在班级教育中的重要地位受到越来越多的关注，有关班主任的政策相继出台，班主任制度更为成熟和精致。

第三章

班级中的社会环境

班级，对于身处其中的学生和教师而言，构成了一种特殊的社会环境。它并不仅仅是教师教育教学以及学生学习生活的背景性存在，而是一个由复杂人际关系所组成的社会系统，拥有如个体一般的独特“性格”。如此，班级作为教师教学和学生学习的社会环境，会对教师和学生的班级生活产生主动性的影响。在社会科学中，环境成为吸引众多学者兴趣的领域，将班级作为社会环境进行研究也成为教育社会学的重要焦点。从理论认识而言，这将有助于我们更好地理解和解释班级形成的过程和结果。从教育实践而言，这将为班级建设，进而为教师和学生构建良好的教育和学习环境提供理论的根据。

第一节　班级的社会构成

班级，作为一种社会环境，首先是由若干教师和学生构成的。但是，班级并非教师和学生的简单聚集，而是按照一定的原则和方式组织起来的社会群体。对教师和学生的不同组织方式造就了不同的班级样态，也为教师和学生构筑了不同的教育及学习环境，对他们将产生不同的影响。因此，班级的社会构成是班级作为一种社会环境的重要方面。

一、班级规模

班级规模指的是一个班级中的学生数量。它会作为一种特殊的社会环境对班级成员的学习产生影响。“教师不会在环境之外与学生相遇，班级规模应被视为班级生活的情境性影响，教师和学生不可避免地需要适应它，它将会影响师生互动特点。”[①] 作为班级社会构成最显在及直接的表现，班级规模之所以能成为一个教育研究的问题，并引起学术讨论，源于美国、欧洲和亚洲等国家提出的“小班教育”或“小班教学”改革。面对有无缩小班级规模、实践小班教学的必要，教育研究者们在世界范围内展开了激烈的讨论，探讨班级规模对教育获得或学生学业成就的影响。然而，这些讨论并未能够取得共识，对于缩小班级规模能否带来教育收益，研究者们依然争论不休。他们的观点分歧几乎处于两个极端。其中，部分学者认为班级规模和学生学业成就之间具有明显的正相关关系，缩小班级规模能够提升学生的学习效果，应是教育改革的基石。与之相反，另一部分学者则认为小班教学对学生学习效果的影响相较于大班或常规班级并无明显的差异。美国田纳西州于 20 世纪 80 年代发起的 STAR 研究项目经常被小班教学的支持者引用，作为支撑小班教学合理性的理论依据。STAR 研究采用实验研究方法，将来自 79 所学校的 7000 多名小学生（5—8 岁）随机分为三组——小班（13—17 人）、常规班级（22—25 人）和增加一位全职助教的常规班级，并对这三

① Peter Blatchford. The Class Size Debate: is small better？ [M]. Maidenhead: Open University Press, 2003: 9.

组学生的阅读和数学成绩进行了对比。通过对比，这项研究发现小班学生的成绩明显地高于常规班级的学生。具体而言，包括以下几点：

（1）相比较于常规班级或者带有助教班级的学生，小班学生的表现更好。

（2）小班幼儿园的表现优势在一年级时会扩大，但此后在三年级时要么在数量上保持（阅读），要么缩小（数学）。

（3）单独就每个年级来看，小班和常规班级学生表现的区别具有显著的统计学意义。①

这一研究为美国和其他国家的众多教育改革和政策提供了理论依据。1995 年，P. 埃格尔森（P. Egelson）等人在 SERVE 报告"班级规模有用吗？"中便提到 STAR 研究，并总结道：

班级规模的决定是有关可利用资源分配的持续决策的一个方面……这项研究表明对于州、地区甚至学校，班级规模都是一个能够提高教育产出的基本而重要的变量。②

同年，英国教育标准办公室（Office for Standards in Education，简称 OFSTED）也发布了一项关于班级规模对教育质量影响的研究报告。不同的是，该报告在第一段便指出：对班级规模影响的大多研究都未能证明学生在小班中有更好的表现。田纳西州的 STAR 实验是个例外。③

① E. A. Hanushek. Some Findings from an Independent Investigation of the Tennessee STAR Experiment and from Other Investigations of Class Size Effects [J]. Educational Evaluation and Policy Analysis，1999, 21（2）: 143–163.

② P. Egelson，P. Harman, C. M. Achilles. Does Class Size Make a Difference？ Recent Findings from State and District [M]. SouthEastern Regional Vision for Education（SERVE）, Associated with the School of Education, University of North Carolina at Greensboro, 1996.

③ OFSTED. Class Size and the Quality of Education [M]. London: OFSTED, 1995.

并在一般层面上给出了建议：全面缩小班级规模，哪怕只是一点点，也是非常昂贵的；没有证据表明这一投入的合理性。①

在班级规模与学业成就的争论之外，一些研究者认为班级规模的影响仅限定为学业成就是对“影响”的窄化。除了学业成就外，班级规模还会影响学生其他的认知及非认知方面，这一影响应该是系统化的。卡亨（Leonard S. Cahen）等人指出：

需要说明的是，这些对学校课程的丰富可能并不能在对班级规模影响的评估中反映出来。通常，阅读和数学成就测验被用来评价效果。对成就的这一狭隘定义忽略了其他学术领域内的学习，这些领域可能是受教育消费者珍视的。此外，许多领域的丰富是为了推动积极态度、兴趣以及综合学习技能。这些要素拥有更为长期的影响而无法在短期的成就测验中体现出来。教育研究因关注短期的成就效果而被误导。②

如此，要研究班级规模对学生的系统影响，便不能仅仅关注小班教育的结果，应将关注点转移至教育过程之中。有关班级规模对教育过程影响的信息是非常重要的，没有它，我们便无法理解班级规模的影响是如何发生的，我们也难以为最大限度地利用不同的班级规模提供具有意义的实践指导。此外，深入至教育的过程之中，我们还能更好地理解小班教育的结果是如何产生的，并能理解以上的观点分歧。在这一问题的研究中，研究者们达成了更多的共识。小班教学对教育过程的最大影响便是教学个性化和对学生的个性化关注。通过对教师的访谈，帕特 - 贝恩（H. Pate-Bain）等人总结道：

① OFSTED. Class Size and the Quality of Education [M]. London: OFSTED, 1995.

② L. S. Cahen, N. Filby, G. McCutcheon, D. W. Kyle. Class Size and Instruction [M]. New York: Longman, 1983: 206.

“小班或带有助手的常规班级的教师经常提及的一个益处便是他们更容易进行个别指导。”① 由于学生人数减少，教师有更多的可能和机会与学生进行一对一的交流，能够更深入、全面地了解每一个学生。在小班教学中，教师有更多机会实施对学生的一对一指导，学生更可能体验“教师支持的学习”。在琳达·哈格里夫斯（Linda Hargreaves）等人对我国香港地区小班教学的研究中，一位受访教师说道：“我觉得最主要的是能够更深入地了解学生，和他们有更长的单独相处的时间并知道他们现在的水平以及将他们领向何处。”②

与个性化教学相伴的是，教师和学生之间的持续性交流成为可能。多项研究显示，在小班教学的课堂中，教师和学生的交流时间要比常规班级更长，教师能够就某一问题对学生进行更多的追问和反馈。在莫里斯·高尔顿（Maurice Galton）等人对香港地区小班教学的研究中，他指出班级规模缩小为持续性互动提供了可能。

在常规班级中，他们作为班级的一部分受到关注。然而，这些班级中的大多师生互动是非常短暂的，而在小班中这些互动更具持续的可能。因此，这不仅仅是数量的问题。大班中的教师通过快速的问答保证能够与所有学生互动。在小班中，师生互动的数量可能稍少一些，但是这些互动持续的时间更长，因为学生最初的回答能够受到追问。此结论的证据来源于这一发现：和班级规模具有强相关关系的班级变量是教师听取学生汇报其工作的时间。③

---

① H. Pate-Bain, C. M. Achilles, J. Boyd-Zaharias, B. McKenna. Class Size Makes a Difference [M]. Phi Delta Kappan, 1992: 253–256.

② L. Hargreaves, M. Galton, A. Pell. The Effects of Changes in Class Size on Teacher-Pupil Interaction [J]. International Journal of Educational Research, 1998, 29（8）: 779–795.

③ M. Galton, T. Pell. Do Class Size Reductions Make a Difference to Classroom Practice? The Case of Hong Kong Primary School [J]. International Journal of Educational Research, 2012, 53: 22–31.

缩小班级规模还能够使班级秩序的维持和班级管理变得更容易，从而减少教师班级管理的工作量。这样，教师有更多的时间和精力投入教学工作之中。此外，小班中教师要实现有效教学所承受的压力要小于大班教学。正如彼得·布拉奇福德（Peter Blatchford）指出，虽然在大班中也能够实现有效教学，但很多时候是以牺牲教师为基础的。小班教学减轻了教师的负担和压力，使教师有更好的工作满意度。这也间接地对学生的学习产生了影响。

班级规模缩小使得教师对学生的认识更全面和深入，能够与学生进行更多的持续性互动，从而提升教学的个性化程度，这些最终都可能提升学生的学习参与度。在小班教学中，由于学生人数较少，每一个学生都处在教师的关注中，每一个学生都处于与其他同学的关联中，因此在课堂中“走神”的可能性相较在大班中更小。芬恩（Jeremy D. Finn）等人在其研究中明确指出：

这些证据表明小班的关键益处是学生学习参与度的提升。在小班中，每个学生都可能遭遇批评。在小班中，从师生互动中撤离是非常困难的，或者是不可能的……当班级规模缩小后，学生参与学习的压力增大，每个学生对教师来说都变得更显著。结果便形成了更多的指导性互动，学生的学习行为也得以改善。①

需要注意的是，以上影响并非小班教学能够自动实现的，而仅仅是小班教学潜在的可能影响。它们的实现还需要其他条件的支撑。其中，最为重要的便是教师能够改变教学方式和方法，使小班的优势能够最大限度地发挥。也就是说，如果教师在小班中依然使用大班的教学方法，那小班对于学生和教师的影响和大班相比，差别就

① J. D. Finn, C. M. Achilles. Tennessee’s Class Size Study: Findings, Implications, Misconceptions [J]. Educational Evaluation and Policy Analysis, 1999, 21（2）: 97–109.

不会很明显。这也导致了前面提及的研究者在班级规模对教育结果影响问题上的极端分歧。因此，教师培训成为小班教学改革的同步要求。

二、班级的年龄构成

由于年龄是个体的生物性特征，人们常常忽视年龄结构作为社会系统特征的重要影响。与性别、社会阶层、种族一样，年龄也是将特定社会中的人群和角色进行分类的重要维度。年龄将人们置于社会结构的不同位置之上，并以不同的角色要求他们。“从社会学的视角来看，年龄影响人们在社会体系中的角色以及承担这些角色的人们。”[①]可以说，“年龄分层是社会结构和社会动力的关键方面，影响——也受影响于——社会个体成员的行为和态度”[②]。很多研究表明，除了生理能力和身体健康，一个人的活动，他对生活的态度，他和家人、朋友、同事等的关系，都受他在年龄结构中的位置所影响。社会的年龄分层能够形塑此社会中的文化生活。班级，作为一种特殊的社会系统，也拥有自身独特的年龄分层。班级中的年龄分层会影响教师和学生各自在班级这个小社会中所应扮演的角色，形塑他们在班级中的行为、认知、态度、情感以及社会关系等方面。因此，班级的特征以及班级中的一些现象都可以从其年龄分层中找到根源。对于教师和学生而言，班级中的年龄构成是其所处社会环境的重要方面。

那么，班级中的年龄分层有什么特征呢？这可以在和家庭的对

① M. W. Riley, M. E. Johnson, A. Foner. Aging and Society. Vol.3: A Sociology of Age Stratification [M]. New York: Russel Sage, 1972: 398.

② 同上，preface，XIV .

比中显露出来。班级和家庭，两者都是学生社会化的重要场所，但它们的年龄分层却差别很大。在家庭中，未成年人的年龄是异质的。一般来说，一对夫妇所生的孩子在年龄上一定会存在差别（独生子女和多胞胎子女除外）。他们无法缩小家庭中未成年子女的年龄差别。不同于家庭，学生却能通过年龄分组，将年龄相仿的孩子纳入一年级并将他们送到初三，甚至更高学级。通过这样的方式，学校可以保证每一个班级中学生的年龄同质性。家庭与班级的这一区别并不是微不足道的，事实上这决定了家庭与班级对学生的不同期待与要求。与年龄分层相联系的，是角色和期待的分配。莱利（M. W. Riley）等人指出：

年龄能够进入角色定义和角色分配之中。也就是说年龄不仅影响着若干年龄层能够进入的角色，还影响着给予特定角色承担着的社会贡献——行为期待、机会和奖励。例如，对婴儿恰当行为的角色期望和制裁（不管是奖励还是惩罚）是不同于青少年的，年轻工人和近退休工人也是不同的，异龄友谊和同龄友谊也是不同的。①

这也就是说，由于家庭中未成年人年龄的异质性特征，不同年龄的未成年人会被分配不同的角色，并承担不同的角色期待和要求。相反，在班级中，未成年人的年龄基本是相似的，所以他们在班级中的角色也是相同的，对他们的角色期待和要求也是一样的。对于这一点，罗伯特·德里本（Robert Dreeben）进行了详细的描述：

在许多事情和活动中，年龄和性别的差异是很重要的，比如餐桌礼仪、睡觉时间、对玩具的拥有这些表面不太重要的方面，再比如优先权、责任、合适的奖惩、管理这些更为重要的方面。……年

① M. W. Riley, M. E. Johnson, A. Foner. Aging and Society. Vol.3: A Sociology of Age Stratification [M]. New York: Russel Sage, 1972: 8.

龄大的孩子被期待承担更费力的义务，而年龄小的孩子则没有；当犯了同样的错误时，年龄大的孩子受到的惩罚要比年龄小的孩子更多，因为人们认为他们应该“懂得更多”。在这一环境中，由于年龄而形成的补偿优势并不能让他们认为自己还不错。①

在班级中，学生年龄相仿，这就使得所有学生在年龄上处于同一社会层级，他们所承担的义务和责任是相同的，受到的奖励和惩罚也是相同的。学生之间也具有了“可比较性”。正如德里本所言：“年龄构成的同质性在两个方面起着重要作用：（1）它提供了内在的比较标准；（2）它使得学生处于相同的基本社会情境并被老师以同等的方式对待。”②这也就形成了班级在运行中的标准化。

除了班级中学生年龄的同质性外，班级年龄构成还有另一个方面的特征，即学生和教师处于不同的年龄层级中。这使得教师在班级中被赋予不同于学生的角色和权力，这也是教师权威的最初来源。由于年龄更大，教师被赋予“社会代表者”的角色，要求掌握教育教学的相关知识和技能，能够胜任学生学习指导的任务。而学生，由于年龄小，成为需要照顾和指导的对象，他们需要尊重教师的权威和指导。教师教育教学工作的展开，便是建立在这一意识和观念的基础之上的。

---

① R. Dreeben. On What is Learned in School [M]. Reading, Massachusetts: Addison-Wesley Publishing Company, 1968: 160.

② Sarane Spence Boocock. The Social Organization of the Classroom [J]. Annual Review of Sociology, 1978（4）: 1–28.

三、班级的能力构成

班级的能力构成，反映了班级中学生能力的内在结构特征，是班级环境的重要方面。它能够影响学生在班级中的经验，包括他们所上的课、他们和哪些人一起上课以及哪些老师为他们上课等。不同的能力构成将为学生提供不同的社会环境，对学生产生不同的影响。一般而言，班级的能力构成可以分为两大类：同质性能力构成和异质性能力构成。同质性能力构成指的是通过对智力、天赋以及某一学科的学业成就的标准化测量将学生能力分成各自不同的类别，并将同一个能力类别的学生组成一个班级，作为教育教学的基本单位，这个班级中的能力构成就是同质性的。相反，异质性能力构成指的是根据能力测验的成绩，将不同能力水平的学生纳入同一个班级之中，这种班级中的能力构成就是异质性的。这两种班级能力构成一直存在于我国教育教学实践之中。

是同质性能力构成，还是异质性能力构成更有利于学生的学习呢？对于这个问题的理解，可以借鉴“能力分组”（ability grouping）的相关研究成果。在此领域的研究中，有关同质性能力分组还是异质性能力分组更能促进学生学习，研究者们还存在着很多的争论。

支持同质性能力分组的理由主要有以下几点。第一，教学效果更好。班级中学生的能力相似，教师所要照顾的学生能力范围被显著缩小，他所组织的教学内容和教学活动更有可能符合所有学生的认知和能力水平，从而能够取得更好的教学效果。第二，从学生的角度而言，同质性能力分组照顾到学生的能力差异，避免不同能力水平的学生被束缚于同样的教学内容和教授方式之中。第三，提升学生的自信水平。同质性能力分组不存在可比较的参照群体，因而学生不会产生相对剥夺感。这有助于保持学生的自信，从而也有助于保持其学习的动机水平。

支持异质性能力分组的研究者认为，第一，同质性能力分组是不公平的，会带来教育的不平等。实际上，它不仅不能保护学生的自尊，反而是对学生自尊的伤害，因为它给能力较低的学生贴上标签。与此同时，它还使能力较高学生的价值感膨胀。第二，社会中大部分的群体都是能力异质性的，学生需要学会跟具备不同能力的人相处和合作。第三，在能力同质性的班级中，教师会降低对学生间差别的敏感度，他们会预设学生拥有同样的社会需要、成就以及学习风格等，学生无法伸张自身的个性。第四，同质性能力分组可能会扩大学生的社会经济地位差距。

在梳理了有关能力分组的已有研究后，多米尼克·埃斯波西托（Dominick Esposito）总结道：

（1）同质性能力分组在当下实践中未能表现出有助于所有学生或者某一部分学生提升学业成就或体验更有效的学习情境。在表现出明显影响的研究中，高能力学生的微小受益不足以抵消对平均能力水平和低能力水平学生的学习影响，尤其是对低能力水平的学生而言。

（2）同质性能力分组对于情感发展有影响的研究发现本质上是不利的。无论实践如何提升或膨胀了高能力儿童的自尊，都会被因给平均水平或低于平均水平学生贴上学习差的标签所带来的不利影响抵消。①

斯蒂芬·里切尔（S. Richer）发现，在已有相关研究中，很大一部分发现证明两种能力分组没有本质差异。在他看来，这主要是因

---

① Dominick Esposito. Homogeneous and Heterogeneous Ability Grouping: Principal Findings and Implications for Evaluating and Designing More Effective Educational Environments [J]. Review of Educational Research, 1973, 43（2）: 163–179.

为研究者未能明确能力异质性班级对学生产生影响的条件。里切尔借鉴“参照群体”理论，提出在能力异质性班级中，能力较高学生群体能够成为能力较低群体的“参照群体”，对后者的学习有显著性的影响。而能力较高学生群体要发挥“参照群体”的作用，必须满足“可见性”和“意义性”。“可见性”指的是低能力学生能够意识到高能力学生的存在。如何才能提高高能力学生的可见性呢？里切尔根据已有相关研究，提出“班级子群体在社会总体中的特征越是明显，子群体的可见性就越大，也就越有可能形成参照群体”“总体越小，子群体越具可见性”“子群体越少，越具有可见性”[①]。高能力群体的可见性不足以保证其作为参照群体在班级中形成和运作，还需要意义性的协助。意义性指的是低能力群体学生将高能力学生作为其行为及认知的榜样，希望成为高能力群体的成员。要提升高能力群体的意义性，里切尔认为需要遵守以下两个原则：第一，“子群体间的相似程度越高，一个子群体越是能够成为另一个子群体的意义对象”；第二，“奖励越是基于某子群体的成员资格，该子群体越有可能成为其他子群体的意义对象”。[②]在班级中，当高能力学生群体成为低能力学生的参照群体后，并不必然促进低能力学生的学习，也有可能如上文所说，会导致低能力学生产生相对剥夺感。

如何才能避免相对剥夺感形成，促进低能力学生的学业成就呢？根据参照群体理论，这需要三个条件。第一，班级中的向上流动越多，低能力学生越会觉得自己也有向上流动的可能。第二，一个人所属子群体越多，他越是觉得有上升的可能。这就要求能力异质性构成班级在划分子群体时，要有多重维度，而不仅仅是学业成就。第三，

---

① S. Richer. Reference-group Theory and Ability Grouping: A Convergence of Sociological Theory and Educational Research [J]. Sociology of Education, 1976, 49（1）: 65–71.

② 同上 .

子群体间区别和人口要素（例如种族或社会经济地位）的关联越密切，低能力学生越觉得自己上升的可能性很小。这要求班级在子群体划分时尽量抹除学生家庭社会经济地位等人口因素的影响。满足以上几个条件，班级中高能力群体学生才能成为参照群体发挥促进低能力学生学习的作用，能力异质性班级的影响才能显现出来。

第二节　班级的物质环境

一般而言，班级成员间的互动需在特定物质环境中进行，并以特定的教学设备为媒介。物质环境是教师教学和学生学习的重要环境，是班级的要素之一。不过，由于物质环境直接呈现出来的“物质性”，人们常常将其视为毫无意义的客观存在，而忽视其对教师和学生的影响。事实上，物质环境虽然在表面上表现为客观物质，但它并非仅仅是物质性存在。深入至班级物质环境的内在逻辑之中，我们会发现其中蕴含着教师的教育观念和价值。这些观念和价值主导着教师对班级物质环境的布置，决定了它的外在形态。更为重要的是，这些物质环境还会对处于其中的学生产生影响，对他们的认知和行为进行规范，最终将其中蕴含的价值和观念传递给学生。可以说，社会文化要素已融入班级的物质环境，赋予班级物质环境以社会性。

一、教室座位编排

在班级中，每个学生都有一个相对独立的领地——座位。这是一个常常被视而不见的物质存在，因为单个座位本身仅仅是学生所处的空间，没有任何价值和意义。然而，当班级中所有这些座位按照一定的原则被编排起来，形成某种“结构”时，它便具有了社会和文化性质。在座位编排的过程中，教师会依据自己的教育理念来进行不同座位间的组织，并将这些座位分配给相应的学生。蕴含于座位编排中的教育理念也会以潜在或显在的方式影响教师和学生的互动，从而影响学生在班级中的生活体验。根据编排原则不同，我国现有班级座位结构一般有秧田型、马蹄型、圆桌会议型等等。其中，最为传统的，同时也是当下最为常用的座位结构是秧田型。因此，这一部分讨论主要以秧田型的座位结构为对象。

班级座位结构是一个富含文化编码信息的物质存在。对其进行解读，需要深入教师座位编排的观念之中，了解教师是按照何种原则来分配座位的。教师座位编排观念包含两个方面：第一，谁和谁一起坐；第二，坐在什么位置。对于前者而言，很多教师会通过座位分配来实现学生之间的隔离和搭配。安德鲁 · I. 施韦贝尔（Andrew I. Schwebel）等在对教师的访谈中得知："教师通过一种有助于维持班级行为规范的方式来为学生选择邻座。尤其是，他们的首要策略就是要将破坏性学生分隔或分散开来，将他们分配至那些无法妨碍上课的位置。"①吴彦彤、常亚慧对我国班级座位分层进行研究时，也发现了类似现象，"教室的第一排或最后一排常会设置一个单独座位，这个座位主要为那些不遵守纪律的'活跃'学生或成绩较差的学生所设定"②。朱光明在对教师和学生的访谈中，极为生动地描述了这一现象：

班级中最前面或最后面，或者靠墙的座位有时会具有特殊的身份意义。对于班级那些"异类分子"，老师不是把他们安排在眼皮底下，就是在遥远的"边疆地区"，或者在"隔离地带"。老师甚

① A. I. Schwebel, D. L. Cherlin. Physical and Social Distancing in Teacher-Pupil Relationships [J]. Journal of Educational Psychology, 1972, 63（6）: 543–550.

② 吴彦彤，常亚慧 . 平而不等的教室座位 [J]. 教育科学研究，2017（12）.

至为他们设置“专座”：在班级前两排的两边分别设置两个“雅座”，专为那些上课爱说话或做小动作的学生准备。……有时老师也会采取另外的策略，把他们放到不说话的同学旁边，或者包夹在异性周围，从而起到“隔离”的作用。“当站起来环顾四周才发现，周围全是女生。我这才意识到，原来老师是嫌我上课说话，让她们把我和那些朋友隔开！”①

此外，教师在分配座位时，还会依据“互补”原理，将成绩较好的学生和成绩较差的学生安排为邻座，试图让前者对后者产生良性影响。朱光明在其研究中也提到这一现象：“老师安排座位也会考虑同学之间的‘优势互补’或者优秀同学对差一些同学的‘一帮一’作用。同伴学习是同桌最大的教育意义所在，这也是老师安排座位时考虑的重要因素。”②而且，在对学生的访谈中，这也确实起到了预期的效果。

教师依据什么原则将学生分配至不同位置呢？教师将学生安排在不同的位置（前排、中间或后排），反映了教师希望与学生所保持的社会距离。在被问及分配原则时，一些教师表示是按身高来编排座位或者“凭直觉来分”。尽管如此，一些研究还是发现了教师在座位编排过程中依然遵循着某些“偏好”和“潜在原则”。“现有研究资料表明，在不同程度上或者不知情的情况下，一些教师会将他们认为更专注于学习的学生置于教室的前排。在开学的前几周，他们需要确认学生能够理解和学习：前排学生在空间上更接近于教师，他们是反馈的主要来源。”③同时，有些教师倾向于把自己喜欢

① 朱光明．座位的潜课程意义——中小学生座位体验研究 [J]. 教育学报，2006（6）.
② 同上．
③ A. I. Schwebel, D. L. Cherlin. Physical and Social Distancing in Teacher-Pupil Relationships [J]. Journal of Educational Psychology, 1972, 63（6）: 543–550.

的学生置于教室的前排，而将不太喜欢的学生置于教室的后排。而在很多教师眼中，成绩是决定教师是否喜欢某学生的标准。这就导致了这一现象："这些区域被老师安排上不同成绩水平的学生，成绩好的学生坐在'黄金区'，调皮的学生被安排在'监控区'，而那些成绩不突出且又听话的学生则被老师放置在'冷漠区'。"[①]这也就导致了班级座位空间的特定分区和结构。在吴彦彤、常亚慧的研究[②]中，他们对班级座位空间的分区和结构进行了细致的描述：

边缘座位，图 3-1 中位于教室空间前后边缘的 A 类座位、E 类座位和 F 类座位，也包括教室两边的 1 类座位和 6 类座位。这些位置集中着学业成就资源、班级组织资源和同伴群体资源三种资源占有状况无明显突出的学生，多为成绩普通且易被忽视的群众学生。中间座位，图 3-1 中 B3、B4、C3、C4、D3、D4 座位。这些位置是学生公认的"黄金座位"，多为学习成绩优良、担任班干部的学生的座位。

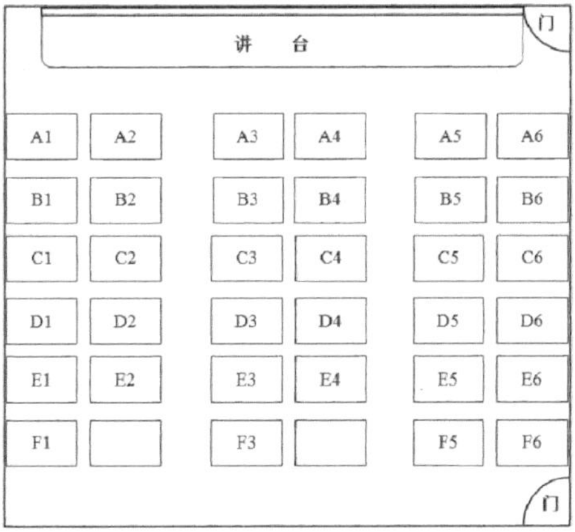

图 3-1　某中学某班教室座位分布图

① 姚晓璐，田宗友．小学班级"秧田式"座位编排的标签效应 [J]. 教学与管理，2016（23）.

② 吴彦彤，常亚慧．平而不等的教室座位 [J]. 教育科学研究，2017（12）.

不过，这只是大多数教师的座位编排原则（自觉或非自觉的）。在此之外也存在着不同的原则。施韦贝尔在研究中发现，将哪些学生分配在前排座位，除了受学生特征的影响，还受到教师特征的影响。具体而言是："那些具有强烈取悦他人需求的教师（根据 Marlowe-Crowne 社会期望量表），对坐在前排座位的学生评价要高于坐在后排的学生；那些具有较低取悦他人需求的教师，对后排学生的评价要高于前排的学生。"①

无论教师在座位编排时所秉持的原则和观念是什么，班级座位都会形成一定的结构。这一结构对于学生而言是重要的环境，会对学生的学习和认知产生影响。从学习上而言，教师无法同等程度地关注到班级中的每一位学生，座位结构中不同区域的学生受到教师的关注度是不同的。一般而言，坐前面和中间的学生被教师关注得更多，而坐两边和后面的学生则容易被教师忽略。这体现在教师和不同区域学生的互动频率中。在朱光明对学生的访谈中，学生提道：

坐在前面的同学被提问的机会更多，特别是新教师的课，当他还不熟悉班级的时候，就在前面任意指点一些学生回答问题，所以后面的学生逐渐就被冷落。时间一长，后面学生对回答问题就不再抱有希望。"据我精密洞察，老师提问检查一般都是到第五排就打道回府。所以越往后面就越不用担心。"有些学生因此就会有挫折感。②

对不同区域学生的不同关注度和互动频率，直接影响了学生的投入程度和参与程度。雷蒙德 · S. 亚当斯（Raymond S. Adams）等人通过对 16 个小学班级的 36 节课堂录像的分析，发现了班级课堂

---

① Seymour B. Sarason. The Culture of the School and the Problem of Change （Second Edition）[M]. Boston: Allyn & Bacon, 1971: 224.

② 朱光明 . 座位的潜课程意义——中小学生座位体验研究 [J]. 教育学报，2006（6）.

中的“活动”中心区域（如图 3-2）。他总结道：现在我们可以辨别出班级中事实上的也是象征意义上的活动中心。这个区域从教室前面直接延伸到中心线，离起点越远它的强度越弱。[①]

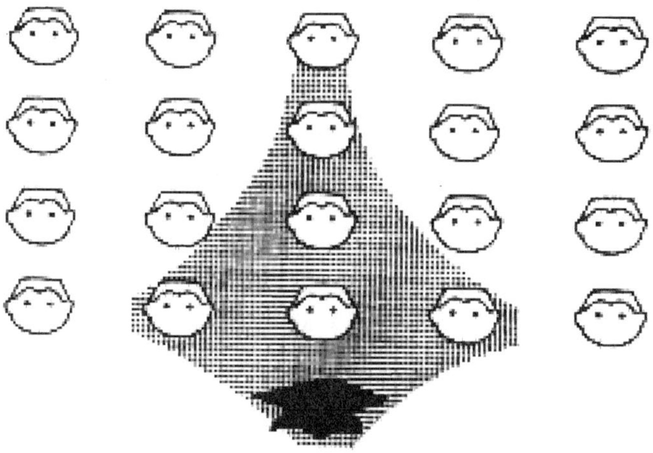

前面

图 3-2　班级“活动”区域

这个“T”型区域中的学生更多地参与至班级教学活动中，因此也能够取得更好的学业成就。不仅如此，由于座位的“标签效应”，座位区域成为班级学生评价他者和自我评价的标准和依据。在其他学生看来，处于“黄金座位”或者“T”型区域的学生是优秀的。他们被更多同学喜欢。更为重要的是，这会影响学生的自我认知。通过对学生的访谈，朱光明论述道：

① R. S. Adams，B. J. Biddle. Realities of Teaching: Explorations with Video Tape [M]. New York: Holt, Rinehart & Winston, 1970: 50.

能够坐到前面或中间是一种光荣的事情。因为在这里“座位是个人学习成绩和能力的证明”“所以座位能够让一个人骄傲，也会使得一个人自卑。座位能够让人奋进，也能够使人丧失学习的动力，甚至自暴自弃”。当学生因成绩原因从前面被调往后面时，他们往往对自我的认识会形成很大的落差。①

学生座位在班级中的位置会影响学生对其他学生的认知以及对自我的认知，这也会影响学生在班级中的学习生活及体验，并间接地影响学生的学业成绩。

二、开放教室运动

开放教室运动发端于第二次世界大战后英国的公立小学，并于20世纪60年代末由访英的美国教育学者介绍至美国，被视为应对教育危机的方案在美国广泛传播。开放教室并非由教育研究者提出，而是源起于教育实践的“自下而上”的改革。尽管如此，开放教室并非由零散的教育措施组成，而是由不同于传统教育的学习观和知识观所支撑。儿童学习及知识的获得应形成于学生与环境相互作用所产生的直接经验，他们应是这一过程中的主体。开放教室的“开放”体现为：“门是半开的，儿童来去自由；教室是开放的，儿童带来感兴趣的物品并将感兴趣的物品带走；空间是流动的，而非由成排的或某种固定方式安排的课桌椅预先占领；儿童自由地在不同地点和活动间游走。时间是开放的，是准许和放开而非约束或命令。课程对成人和儿童的选择是开放的，随儿童的兴趣而变化。课程是随儿童而变的因变量，而非儿童需随之而变的自变量。”②因此，构筑

---

① 朱光明．座位的潜课程意义——中小学生座位体验研究 [J]. 教育学报，2006（6）.

② R. S. Barth. Open Education and the American School [M]. New York: Agathon Press, 1972: 55.

儿童主体性学习的班级物质环境成为开放教室的重要任务，这也是开放教室和传统教室间直观而重要的差异。在罗兰·S. 巴特（Roland S. Barth）所介绍的开放教室的理论预设中，物质环境是一个重要的方面。“在提供了大量手工材料的丰富环境中的主动探索能够促进儿童的学习”[①]，儿童要实现自己学习，他们需要材料、空间、时间，同时还需要与其他学生合作和交流。如果能够给儿童提供足够质量和数量的材料，并给他们提供尝试处理材料的机会，他们能够自己发现事实。

班级物质环境的组织和管理成为开放教室中教师的基本工作，其核心要求“不是要促使知识传递最佳条件的形成，而是要扩展儿童探究的可能性范围”[②]。为此，开放教室将课桌移出，即使没有移出，它们也不再是分配给某个学生的，学生可以自由组群，自由出入教室的每一个空间。教室用可移动屏幕或家具被划分为各个不同的“兴趣区域”，每一个区域中都提供了充分的材料。在给每个区域提供材料时，开放教室的教师需要遵循以下五项原则：其一，“任何可能情况下，允许并鼓励儿童提供他们自己的材料”；其二，“只要有可能，允许并鼓励学生探索教室和学校外的真实世界”；其三，“对于儿童来说，最好的材料是那些常见的，它们不贵、是人们所熟悉的并且是容易获得的”；其四，“优先考虑那些能够使学生想到多种探究路径的模糊的、多程式的材料”；其五，“选择那些更有可能带来开创性、持续性和扩展性探究的材料”。[③]学生可以自由选择区域，在每个区域中通过对材料的探索进行学习。同时，班级和班

① R. S. Barth. Open Education and the American School [M]. New York: Agatha, 1972: 23.

② 同上，74.

③ 同上，77–83.

级之间的区隔状态也被打破，共处于一个大教室中，所有教师在同一个教室中展开教学。对于开放教室的物质环境，吉恩 · H. 布洛迪（Gene H. Brody）等人描述道：

在开放教室结构的班级中，儿童被鼓励与其他年龄大一点的儿童或成人进行更亲密的、面对面的互动。教室通常被分割成不同的兴趣中心，每一个兴趣中心能够容纳一小群儿童。座位安排也很随意，儿童经常被鼓励在各个中心之间自由出入。这种组织模式完全不同于在传统班级中所看到的……①

莫琳 · T. 哈里楠在《开放和传统教室中的友谊》（*Friendship Patterns in Open and Traditional Classroom*）一文中对开放教室的特征进行了论述，从中也能发现开放教室组织物质环境的模式。

在大多数开放教室中，学生通过垂直分组的方式被聚集，这样在一个教室中可以容纳更大年龄范围的学生。职能性分组经常产生于这一背景，教师或学生被选择出来并组成一个亚组来完成类似的任务。班级是不分等级的，打破了原来区分学生的正式等级界限。大多开放教室拥有资源中心，在这里学生可以进行充分的非正式交流；同时也有若干小房间，在这里学生可以远离其伙伴而独处。②

对于开放教室中的多班级共处的情况，约翰 · 迈耶（John Meyer）列举了几种比较常见的空间组织和安排模式，如图 3-3 所示。

① G. H. Brody, B. J. Zimmerman. The Effects of Modeling and Classroom Organization on the Personal Space of Third and Fourth Grade Children [M]. American Educational Research Association（AERA）, 1975: 157–168.

② M. T. Hallinan. Friendship Patterns in Open and Traditional Classroom [J]. Sociology of Education, 1976, 49（4）: 254–265.

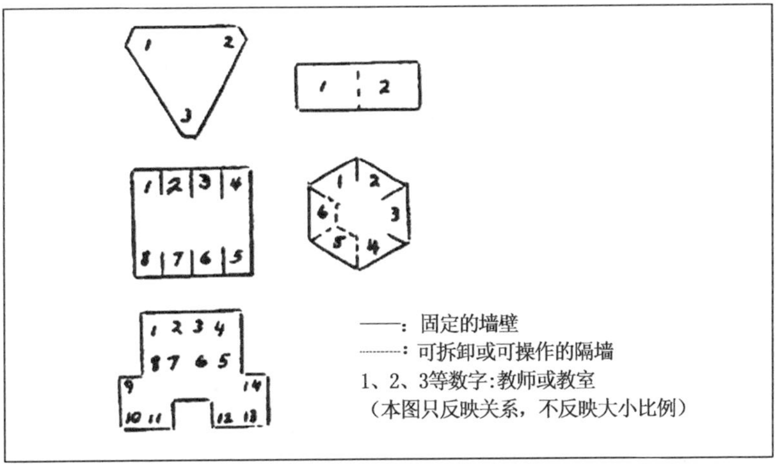

图 3-3　常见的开放教室空间结构[①]

由于知识和学习观的变化，开放教室组织物质环境的方式发生了根本的转变，是对传统班级物质环境的“颠覆”。从社会学的角度而言，这是一项真正的变革。这项变革对于班级成员——教师和学生——的学校生活都将产生可测量的影响。对于学生而言，虽然没有证据表明开放教室能够影响学生的学业成就，但是它却直接影响学生在班级交往中的“社会距离”。由于开放教室提升了学生分组的灵活性，赋予学生自由选择合作和交流对象以及自由探究材料的机会，学生不再被固定于某个座位，学生与其他班级成员（教师和学生）之间的社会距离得以缩小。吉恩·H. 布洛迪分别从开放教室学校和传统教室学校随机抽取了各 80 名学生（每个学校都抽取 40 名男生和 40 名女生），通过对他们的实验研究发现：“开放教室学

① J. Meyer, et al. The Impact of the Open-space School upon Teacher Influence and Autonomy: the Effects of an Organization Innovation [M]. Calif.: Stanford Center for Research and Development in Teaching, 1972.

生比传统教室的学生对具体个人拥有更小的人际距离。"①在对社会距离或个人空间的研究中，有结果表明"一个人对他人的实际行为距离是这个人对其他人的吸引力和相处融洽度的可靠指标"②。在此意义上，我们可以推断，开放教室中更小的人际距离能够反映出其中学生间以及师生间有着更为融洽的交往，其交往质量相较于传统教室更高。与此同时，开放教室也对学生班级生活质量产生了明显的影响。J. L. 爱泼斯坦（J. L. Epstein）等人通过对39所小学、初中和高中的7200名学生的调查，发现开放教室对于学生班级生活质量影响最明显的方面是师生关系的质量。开放教室改变了班级权威的结构，提升了学生对于班级生活的满意度。

除了对学生的影响，开放教室中物质环境的改变也对教师的教学生活产生了显著的影响。开放教室改变了班级中教师间的分隔状态，将教师从各自封闭的教室环境中解放出来，共同置于一个相互共存和可见的环境之中，成为一个教育教学的"团队"。正如迈耶·约翰所言，"至少有两个方面的改变一定会对教师产生影响。第一个是教育决策的中心从个体教师转向教师群体。第二个是教师在相互可见和可听的范围内工作"③。这两个方面的变化对于教师教学生活的影响是深刻的。这增加了教师之间的交流和互动，能够更好地发挥各个教师的专业特长。对于能力较差的教师而言，开放教室为提升他们的教学质量提供了可能。所有这些，将体现为教师对于其工

① G. H. Brody, B. J. Zimmerman. The Effects of Modeling and Classroom Organization on the Personal Space of Third and Fourth Grade Children [M]. American Educational Research Association （AERA）, 1975: 12.

② 同上 .

③ J. Meyer, et al. The Impact of the Open-space School upon Teacher Influence and Autonomy: the Effects of an Organization Innovation [M]. Calif.: Stanford Center for Research and Development in Teaching, 1972.

作的满意度。这在迈耶·约翰的研究结论中得到验证。他对比传统教室和开放教室中的教师，发现“开放教室的教师对工作有更高的满意度，感觉有更大的自主权，并称对教育决策有更多的影响。……开放学校看似能够给予教师更多的专业抱负，这是工作满意度的重要来源”①。

第三节　班级的奖励结构

在班级教育教学活动中，奖励被教师视为激励学生以促使其做出教师所期待行为的重要手段，也是班级中最为常见的教育举措。在一个班级中，学生如何才能获得奖励，或者说教师分配奖励的标准是什么，这决定了班级的奖励结构。“奖励结构指的是一种行为准则、可能性或标准，学生必须符合这些准则才能获得预计的有价值的或强化的结果，如奖励或高分。”②它通过设立奖励的基本单位对班级学生进行划分，决定单位内学生的基本行为方式，并通过设置强化物来诱发学生的行为。对于学生而言，这是班级社会环境的重要组成。不同的奖励结构对学生的学业成就或表现、学生的社会互动和交往、学生的情绪情感等方面都会产生不同的影响。根据不同的教育教学目标设计不同的奖励结构是教师教育教学工作的重要方面。

① J. Meyer, et al. The Impact of the Open-space School upon Teacher Influence and Autonomy: the Effects of an Organization Innovation [M]. Calif.: Stanford Center for Research and Development in Teaching, 1972.

② J. W. Michaels. Classroom Reward Structure and Academic Performance [J]. Review of Educational Research, 1977, 47（1）.

一、班级奖励结构的类型

根据不同的标准，班级奖励结构可以划分为不同的类型。詹姆斯·W. 迈克尔斯（James W. Michaels）指出：“在班级和实验室研究中最常使用的四种基本奖励结构有个人成功奖励（individual reward contingencies）、小组成功奖励（group reward contingencies）、个人竞争（individual competition）和小组竞争（group competition）。”[①] 个人成功奖励是将个人表现与事先设立的标准进行比较，如果学生在行为上达到了这一标准，便可以获得奖励。小组成功奖励则是将每一小组的表现分别与事先设立的标准进行比较，如果两者相符，那么小组所有成员都将获得同样的或不同的奖励。个人竞争的奖励结构指的是个体能否获得奖励取决于他与班级中其他个体相比较后的相对优势，一个学生获得奖励，与之相比较差的学生则不能获得奖励。小组竞争的奖励结构则是以小组作为竞争单位，如果一个小组与其他小组相比表现更好，那么这个小组所有成员将获得同样的或不同的奖励，而其他小组成员则不能获得奖励。对于这四种奖励结构的异同，詹姆斯·W. 迈克尔斯列表进行了对比和说明，如表 3-1 所示。

表 3-1　常见奖励结构的方式和类型概要[②]

类型描述	强化物方式	竞争方式
此方式的一般特征	单位间是独立的 标准由外部主体制定	单位间处于消极的奖励依赖 标准由其他竞争者制定
个体奖励结构	个人成功奖励 个人间的奖励是独立的	个人竞争（组内部竞争） 个人间的奖励是消极依赖的

① J. W. Michaels. Classroom Reward Structure and Academic Performance [J]. Review of Educational Research, 1977, 47（1）.

② 同上 .

（续表）

类型描述	强化物方式	竞争方式
小组奖励结构	小组成功奖励（“纯粹合作”） 各组间的奖励是独立的 组内成员的奖励是积极依赖的	小组竞争（组间竞争与组内合作） 各组间的奖励是消极依赖的 组内成员的奖励是积极依赖的

根据个体间关系的不同，罗伯特·E. 斯莱文（Robert E. Slavin）将奖励结构分为竞争性奖励结构（competitive reward structure）、独立性奖励结构（independent reward structure）和合作性奖励结构（cooperative reward structure）。在竞争性奖励结构中，班级成员之间处于消极的依赖关系之中。如果一个学生获得奖励将减少其他学生获得奖励的可能性，那么这种奖励结构就是竞争性奖励结构。如果一个学生能否获得奖励不受其他学生的影响，那么这个学生则处于独立性的奖励结构之中。在独立性的奖励结构之中，班级成员能否获得奖励取决于他能否达到某种预先设立的标准，而非其他成员获得奖励的可能性。每一个班级成员都是独立的个体。合作性奖励结构指的是班级成员处于相互积极依赖关系中的奖励结构。具体而言，其中一个学生获得奖励，其他学生也会获得奖励，一个学生获得奖励的可能性提高，其他学生获得奖励的可能性也会提高。这种奖励结构一般存在于小组合作的形式之中。罗伯特·E. 斯莱文认为，合作性奖励结构可以继续划分为：小组竞争性奖励结构（group competition）和小组成功奖励结构（group contingencies）。在小组竞争性奖励结构中，小组间处于竞争性的、消极依存的关系之中，小组内成员则处于合作的、积极相互依存的关系。在小组成功奖励结构之中，小组间是相互独立的，小组内成员处于合作的、积极相互依存关系之中。

从詹姆斯·W. 迈克尔斯的分类结果来看，个人成功奖励结构对应于独立奖励结构，个人竞争奖励结构对应于竞争性奖励结构，小组成功奖励结构和小组竞争奖励结构归属于合作性奖励结构。可见，这两种分类方式有一个共同的维度——成员间的关系。只是罗伯特·E. 斯莱文没有具体分析小组竞争性奖励结构和小组成功奖励结构的区别——前者小组之间处于竞争关系而组内成员处于合作之中，后者小组之间各自独立而组内成员处于合作之中；詹姆斯·W. 迈克尔斯认为其是一种“纯粹性合作”。罗伯特·E. 斯莱文仅着眼于组内成员的关系，将它们统一归属于合作性奖励结构，因而也无法讨论这两种不同的合作性奖励结构对学生的不同影响。

二、班级奖励结构的影响

班级奖励结构之所以能够引起研究者们的关注，一个很重要的原因在于它作为班级社会环境的重要方面会对学生的学业成绩和社会性发展等方面产生影响。不同的奖励结构将会以不同的方式给予学生不同的影响。班级奖励结构的选择既是教育实践工作中常常会遇到的问题，同时也是教育研究者所争论的话题。现实中，个人竞争性奖励结构和个人成功奖励结构，或者说是独立性奖励结构和竞争性奖励结构，是班级教育教学活动中被使用最多的奖励结构，也是班级常规的奖励结构。在理论研究和教育实践中，这种奖励结构遭受到越来越多的批评，批评的焦点聚集于它将班级成员孤立起来，相互之间没有信任和开放，缺少社会交往和合作的机会，而这是养成学生社会交往和合作学习能力的必要条件。同时，基于个人的奖励结构使得学生以“单子式个体”的形式存在于班级之中，相互之间无法真正地组成一个“集体”，更无法发挥集体的教育力量。因此，很多学者提倡更多地使用以小组为单位的奖励结构，尽可能少地使用以个人为单位的奖励结构。最为极端的是，少数学者建议完全抛弃以个人为单位的奖励结构，尤其是个人竞争的奖励结构，并用以小组为单位的奖励结构代替。

事实上，个人竞争奖励结构并非一无是处，它也不可以由以小组为单位的奖励结构替代。在特定的学习和问题处理中，个人竞争的奖励结构有着以小组为单位的奖励结构所没有的优势。詹姆斯·W.迈克尔斯指出，小组奖励结构固然有很多优势，但是在学生独立学习过程中，个人竞争的奖励结构有着更为显著的作用。相较于合作学习能力，个体独立学习能力也是当今学校需要使其学生养成的重要能力。通过对已有研究的梳理和分析，他总结道：最为惊人的模式是，在促进学生完成独立任务的表现方面，个人竞争是最为有效的奖励结构。具体来说，在六项研究中，个体竞争比小组竞争更有效；在两项研究中，个体竞争比个体成功奖励更为有效；在另外两种研究中，个体竞争比小组成功奖励更有效，详见表 3-2。①

表 3-2　奖励结构比较的概要

研究项目	研究对象	任务	相对效果
汉布林（R. L. Hamblin）等（1971）	4 年级	数学、阅读、拼写	IRC=GRC
克利福德（M. M. Clifford）（1971）	5、6 年级	数字—字母替换	IC>IRC
斯科特（W. E. Scott）和彻林顿（D. J. Cherrington）（1974）	大学生	考试成绩	IC>GC=IRC
朱莉安（J. W. Julian）和佩里（F. A. Perry）（1967）	大学生	实验室心理练习	IC>GC>GRC
马勒（J. B. Maller）（1929）	5—8 年级	数学	IC>GC
西姆斯（V. M. Sims）（研究 1）（1929）	大学生	数字—字母替换	IC>GC
西姆斯（V. M. Sims）（研究 2）（1929）	大学生	阅读	IC>GC
德哈姆斯（R. DeCharms）（1957）	大学生	数学、乱字	IC>GC

① J. W. Michaels. Classroom Reward Structure and Academic Performance [J]. Review of Educational Research, 1977, 47（1）.

（续表）

研究项目	研究对象	任务	相对效果
温斯坦（A. G. Weinstein）和霍尔茨巴赫（R. L. Holzbach）（1972）	大学生	编码	IC+GRC>GRC
迈克尔斯（J. W. Michaels）（1975）	大学生	数学	奖励结构不同，女性（非男性）表现不同

注：IRC= 个人成功奖励，IC= 个人竞争，GRC= 小组成功奖励，GC= 小组竞争。

对于个人竞争的奖励结构在独立任务完成中的促进作用，罗伯特·E. 斯莱文也提出了类似的看法。他指出："表面上看，这些研究的结果看上去是复杂而矛盾的。但是对这些文献的深入考察则显示合作奖励结构虽然有其他方面的优势，却在提高班级大多任务[①]上并不比竞争或独立的奖励结构更有效。"[②]与此同时，大卫·W. 约翰逊（David W. Johnson）也承认个人竞争的奖励结构在完成独立任务时的优势。他指出，如果任务比较简单或者不需要其他人的帮助，那么竞争性奖励结构要比合作性奖励结构和独立性奖励结构更有效果。合作性奖励结构并不能完全取代竞争性奖励结构，后者在一些只需单独完成的任务中是具有独特优势的。不过，一旦遇到问题解决式的任务，那么合作性奖励结构的促进作用要远远大于竞争性奖励结构。合作性奖励结构促使班级成员在解决问题的过程中形成相互之间的合作，不仅能够更好地解决问题，更重要的是能够提升学生的社会换位思考（或者角色承担）能力。大卫·W. 约翰逊这样界定社会换位思考："社会换位思考（或角色承担）指的是理解他人

① 根据上下文来看，这里的"大多任务"指的是学业成绩（academic performance）。

② R. E. Slavin. Classroom Reward Structure: An Analytical and Practice Review [J]. Review of Educational Research, 1977, 47（4）.

眼中的形势以及他如何从认知和情感上应对此形势的能力。这是一种将自己置于他人的位置上并理解他人对此形势看法的能力。”[①]对于社会换位思考能力，很多合作研究都提出它是合作性交流顺利进行的基本条件。具备社会换位思考能力的人能够更好地进行社会性调适、具备更强的有效交流能力并且有自主道德判断，所有这些都是合作能力的基本要素。也就是说，合作性奖励结构通过促使学生之间的合作和交流，提升学生的社会换位思考能力，从而培养其社会性调适、有效交流和自主道德判断的能力，并最终提升他们的合作学习能力。除此认知因素，合作性奖励结构还能够对学生的非认知方面产生影响。相较于竞争性奖励结构，合作性奖励结构中的学生对于教学活动、学习任务以及其他学生有着更为积极的态度，从而在班级中形成一种相互信任和开放的氛围，这有利于学生的认知和精神发展。

除了对学习结果的影响外，合作性奖励结构还会对学习过程产生影响。其中最为显著的是，合作性奖励结构会减少学习过程中的焦虑感。D. B. 海恩斯（D. B. Haines）等人发现，“在竞争性结构的讨论中，学生更焦虑，更不自信，并表现出更高发生率的自我导向需求；在合作性结构的讨论中，学生则不那么紧张，并表现出更多的任务导向”[②]。在合作性奖励结构中，学生没有竞争所导致的焦虑感，他们更放松，相互之间也更为友好并能够相互支持。这也更有利于班级中形成友好、支持的学习氛围，并在班级中促成更积极的人际关系的建立。在积极的人际关系中，班级学生之间有更多的交流，相互之间更为信任，相互之间更容易产生影响，从而形成不同于竞

① D. W. Johnson, R. T. Johnson. Instructional Goal Structure: Cooperative, Competitive, or Individualistic [J]. *Review of Educational Research*, 1974, 44（2）.

② 同上.

争性奖励结构中学生的“单子式”存在状态，班级作为一种整体的影响力得以产生。在合作性奖励结构中，为了完成学习任务获得奖励，小组成员需要共享知识和信息，并相互指导和帮助。“有证据表明在合作性结构的情境中更容易发现学生间的指导。”[①] 此外，由于学生更喜欢合作性的活动和任务，他们在合作性奖励结构中能够更多地投入教师的教学之中，从而有更高的学习参与度。

通过以上两种奖励结构的对比，我们并不能推断出哪种更好，而只能说根据教师所要实现的教育教学目标，哪一种更合适。对于此问题，米勒和汉布林（L. K. Miller & R. L. Hamblin）通过分析已有研究文献进行了总结说明，他们指出：

在奖励结构和任务结构之间存在着相互影响——当小组任务是相互依赖的（例如无法由单独个体完成），合作性奖励结构比竞争性和独立性奖励结构能够导致更好的表现，但是当任务不需要相互合作时，它所导致的表现就更差一些。[②]

尽管如此，这并不意味着教师必须在两者之间任选一种。学生的独立学习和社会性发展是班级教育教学的两个不可缺失的方面，两者并非对立的，而是互为前提而统一的。教师需要做的不是二选一，而是将两者共同置于其教育教学的目标之中。这样，竞争性奖励结构和合作性奖励结构的融合便成为班级奖励结构研究的新方向。在总结已有关于班级奖励结构影响的研究后，罗伯特·E. 斯莱文所得出的结论之一便是：“合作性和竞争性或独立性奖励结构的混合在同时提升学生的学业成就和社会关系方面是

---

① D. W. Johnson, R. T. Johnson. Instructional Goal Structure: Cooperative, Competitive, or Individualistic [J]. Review of Educational Research, 1974, 44（2）.

② 同上 .

最具前景的研究路径。”[①] 这一观点也得到了詹姆斯·W. 迈克尔斯的赞同，他指出：“个人和小组奖励结构各自的优缺点表明个人和小组奖励结构的融合可能有效地同时增强任务完成和小组过程中的一些要素。”多奖励结构的融合是促进班级教育教学目标在多维度同时实现的有效手段。

三、班级奖励结构的条件限制

班级奖励结构的选择固然重要，但更为重要的是班级奖励结构确立后的实施过程。任何一种奖励结构或多种奖励结构的功能发挥并非自动的，它们要最大限度地实现自身的作用和功能，会受到很多条件的限制。因此，在选择了奖励结构之后，教师需要明确此奖励结构的限制条件，在实施过程中通过有效的操作，避免这些限制条件对奖励结构功能的制约。

在约翰·W. 阿特金森（John W. Atkinson）构筑的动机模型中，有三个要素决定人的成就动机：个体稳定的个性特征、在特定任务中的成功可能以及成功的激励价值。个体稳定的个性特征是教师无法改变的要素，而后两者则是可改变的要素。当教师选择了特定的奖励结构后，他所需要解决的首要问题便是奖励物的设定。奖励物，作为对预期行为的强化，是奖励结构能否发挥其功能的关键。由于不同学生有不同的家庭背景和思维方式等，他们的需求也是不相同的。在一个班级中，学生的需求存在着很大的差异。这也就意味着，教师在实施竞争性奖励结构时所设置的同样的奖励物（奖品、高分或表扬等），对于不同学生的意义是不同的。如表扬，对于那些有

---

① R. E. Slavin. Classroom Reward Structure: An Analytical and Practice Review [J]. Review of Educational Research, 1977, 47（4）.

被表扬需要的学生来说，这一奖励物是有意义和价值的；而对于那些没有被表扬需要的学生来说，它则是无意义、无价值的。在西摩·斯皮勒曼（Seymour Spilerman）的研究中，他发现了不同阶层学生的需求差异：

考虑到社会阶层，很多实验证据一致发现低社会阶层儿童对有形奖励比社会性强化或者对其表现的真实反馈有更为积极的反应。……从这些研究中可以得出的主要推断就是如果不同强化物的有效性中存在着发展序列（从具体刺激发展到社会性强化，再到自我强化），此发展序列因为低社会阶层儿童无法从对物质刺激的依赖转向自我强化而被减弱。然而，对于所有年龄的低阶层儿童来说，物质奖励都是有效的强化物。[①]

这一研究成果表明教师在设置奖励物时，需要了解学生的需求，根据学生需求设定奖励物，才能使奖励物起到强化和诱发的作用。除此之外，对于不同的学生来说，特定任务的成功可能是不同的。对于学习成绩好的学生来说，获得高分的可能性要远远高于那些学习成绩较差的学生。在这种情况下，要想获得高分，成绩较差的学生所需付出的努力要远远高于那些学习成绩好的学生。因此，对于教师所设定的任务，成绩较好学生的成就动机更高；而成绩较差学生的成就动机就更低，甚至这种任务完全不能激起他们的动机。在讨论个人竞争的奖励结构时，詹姆斯·W. 迈克尔斯也指出了这一限制：

如果不同能力的学生获得较好表现所需的努力差别很大，那么这些需要付出最多努力的学生所获得的成就动机就最小。这表明班级中典型的奖励结构的效果在很大程度上局限于班级中的前三分之

① S. Spilerman. Raising Academic Motivation in Lower Class Adolescents: A Convergence of Two Research Traditions [J]. Sociology of Education, 1971, 44.

一学生，因为这些学生对奖励结构做出了最为明显的积极反应。①

因此，教师在设置任务时需要注意的是学生的能力水平，让每一个学生都能看到成功的可能，从而拥有完成任务的成就动机。除以上两个方面的条件限制外，奖励结构的运行还会受到班级中学生“小群体”的影响。每一个学生小群体都有自己的组织原则，根据特定规则将不同成员安排在不同的等级之中，而在很多情况下，这种规则并不是学业表现。这一群体会对其中成员的行为产生群体压力。也就是说，在竞争性奖励结构中，根据任务表现对其中的某个成员进行奖励后，而其他成员没有得到奖励，这就破坏了小群体的团结，被奖励学生便会面临来自小群体的压力。这种压力会抑制此学生的成就动机，也即学生小群体会抑制学生的成就动机，影响竞争性奖励的功能发挥。但是，“如果能够为所有群体成员带来奖励，青少年同辈群体有可能会鼓励个体追求更高水平的成就”②。这也就是说，用小组为单位的奖励结构（合作性奖励结构）代替竞争性的奖励结构便能够消除学生小群体对个体学生成就动机的抑制，而且还能够发挥学生小群体对成就动机的激发作用。对此，西摩·斯皮勒曼提出：

问题在于设计一种不会破坏同辈群体团结的奖励结构，它能够使同辈压力支持所有学生的学业成就。有理由相信一个对所有学生而非个别学生实施现金奖励的奖励结构能够满足这一目标。这种安排的可能方案是这样的：在学校的每一个年级，学生被分成三人、四人或五人小组，可以是由教师分配也可以是根据学生所表达的喜

① J. W. Michaels. Classroom Reward Structure and Academic Performance [J]. Review of Educational Research, 1977, 47（1）.

② S. Spilerman. Raising Academic Motivation in Lower Class Adolescents: A Convergence of Two Research Traditions [J]. Sociology of Education, 1971, 44.

好进行分配……然后，每一小组通过与其他小组竞争或者根据某种统一的成就标准来竞争现金奖励。[①]

不过，以小组为单位的奖励结构或合作性奖励结构的运行也是有其独特的条件的。除了奖励物的有用性以及成功的可能性外，合作性奖励结构还要求学生掌握一定的合作技能。D. W. 约翰逊（D. W. Johnson）在其研究中指出，一个人要成功与他人合作，他需要具备以下几个方面的能力：

（1）对其他人敞开自我并信任他们；

（2）和其他人的有效交流；

（3）能够影响并支持他人；

（4）能够建设性地处理冲突。[②]

如何才能提高学生的合作技能呢？对于这一问题，D. W. 约翰逊也进行了专门的研究，并构建了提升学生合作技能的训练方式。除了学生技能的限制外，合作性奖励结构的有效实施还需要防止某些学生的"竞争意识"的负向影响。在合作性奖励结构中，小组内所有学生都需要具备合作技能以及合作意识，如果小组内有一个学生拥有竞争性行为取向，那么小组内的其他成员也会受到影响，小组成员间的有效合作将会受到破坏。凯利和斯塔赫尔斯基（H. H. Kelley & A. J. Stahelski）在研究中展现了一个具有竞争意识的人加入合作小组后所产生的影响："首先，具有合作意识的人开始做出竞争性行为。具有竞争意识的人认为之前具有合作意识的人总是竞争取向的。"[③] 这一研究表明了具有竞争意识的人和合作意识的人各自都是用自己的立场和视角来审视其他人，且前者会对后者产生

---

① S. Spilerman. Raising Academic Motivation in Lower Class Adolescents: A Convergence of Two Research Traditions [J]. Sociology of Education, 1971, 44.

②③ 同上.

影响，并使后者产生变化，最终使合作性奖励结构无法运行。因此，对于教师来说，需要做的是确保小组内所有成员都具备合作意识和能力。对此，西摩・斯皮勒曼总结道：

既然竞争性行为易于使其他人做出竞争性行为，一个竞争取向的人相信全世界都是竞争的，竞争是一个人与他人交往时的唯一选择。这样的个体永远无法形成合作的能力，因为他们的行为排除了其参与合作交流的可能性。教师需要保证所有的学生理解合作、竞争和个人行为之间的区别，并掌握成功参与三种类型活动的技能。①

这既是合作性奖励结构，同时也是三种奖励结构对学生的认知和意识的前提性要求。

第四节　班级的氛围

在班级中，各成员之间的长期互动构建了较为稳定的人际关系、纪律和秩序、教师和学生的行为方式等方面的特征，并给予班级中的教师和学生以稳定的群体感知和归属感。从社会心理学来看，班级的这种较为稳定的个性特征以及班级成员对此个性特征的感知构成了班级的氛围。班级氛围，有时也称班级风气或班级气氛，是弥漫于班级运行过程中的一种无形的力量，是一个描述班级成员对班级运行环境的主观感受的较为宽泛的概念。它指的是一个班级区别于其他班级的个性特征，被其成员感知到的并会对其行为产生影响的一系列内在特征。具体而言，班级氛围是班级中为其成员所体验到的、影响成员行为的相对持久和稳定的环境特征，是班级作为一

① S. Spilerman. Raising Academic Motivation in Lower Class Adolescents: A Convergence of Two Research Traditions [J]. Sociology of Education, 1971, 44.

种社会环境的心理面向。因此，班级氛围是班级成员置身于其中的社会心理环境，应是班级社会学的重要研究问题。

一、班级氛围的类型

在最初的研究中，班级氛围主要局限于教师的语言行为，比如教师的教学风格、教师的领导风格或班级管理风格。此后，班级氛围逐渐扩大到班级的结构性特征和情感特征。前者包括如班级纪律、教师权威、班级结构等要素，后者主要指的是师生互动中的各种人际关系。班级氛围成为一个包含众多要素的复杂综合体，这也成了认识班级氛围的重要基础。在《班级中的群体过程》一书中，R. 施穆克（R. Schmuck）等人将“班级氛围”定义为班级师生和生生互动中发生的所有群体过程的总和。“它们包括人际关系、情感基调、班级组织和教学风格的结构性方面、教师对学生的期待和态度、教师控制水平、纪律问题、学生的性别和年龄等等。”[①] 斯特西·L. 弗雷泽（Stacy L. Frazier）等人在研究中也指出：“现有对氛围的界定包含了多重因素，它们有规则和规范、政策和过程、安全和支持、关系和交流、教学和指导、纪律和自主。”[②] 班级氛围是一个由众多复杂要素所构成的特殊社会环境，班级成员在此社会环境中进行着社会互动，并受其影响。

根据班级氛围对学生的影响，有学者将其分为积极的班级氛围和消极的班级氛围。积极的班级氛围指的是那些拥有明确的规则以

---

① Raed Zedan. New Dimensions in the Classroom Climate [J]. Learning Environments Research, 2010, 13（1）.

② Stacy L. Frazier, Tara G. Mehta, Marc S. Atkins, et al. The Social Context of Urban Classrooms: Measuring Students Psychological Climate [J]. Journal of Early Adolescence, 2015, 35.

及能够促进关注、尊重、合作和情感安全的高学业成就期待的班级。与此不同，在消极氛围的班级中，规则之间缺少一致性，班级纪律以惩罚为主，对学生的期待很低，从而降低了合作的重要性，减少了学生的学习动机，并允许学生之间相互不尊重和欺凌。

根据教师管理班级的风格，班级氛围可以分为民主性的班级氛围和专制性的班级氛围。在民主性氛围的班级中，教师也被视为班级中的成员，能够和学生交流意见和想法，使学生参与至班级活动之中并提供方向，但并不试图控制和主导学生在班级中的学习和活动。专制性的班级氛围则与此相反，教师和学生不同，其不是班级的平等成员，而是高于其他成员的“管理者”；教师被视为班级规则的制定者，教师的意见是学生行为的准则；教师总是力图在班级活动和教学中控制学生的行为和方向，希望学生按照教师所设定的路径行动。这两种不同的班级氛围对学生会产生不同的影响。民主性的班级氛围能够激发学生在班级学习生活中的主体性，承担起他们自身应承担的责任，为自己设立学习的目标并为目标的实现而努力。专制性的班级氛围则使学生处于学习的被动地位，学生习惯于教师为他们安排好一切，只需按照教师所指定的任务被动地学习。对于学生来说，在班级中，学习和其他活动只是“完成任务”而已。

根据班级成员间的信赖关系，片冈德雄在其著作《班级社会学》中将班级氛围分为支持性的班级氛围和防卫性的班级氛围。前者建立于班级成员间的相互信任和支持之上，而后者则建立于班级成员之间的争斗和防卫之上。对于支持性的班级氛围，片冈德雄描述道：

（1）学生相互之间充满了自信和信赖。例如，充满了对自己能够适应和融洽于所属集体的自信，无须装腔作势地表示什么，能够很轻松地表现自己内心的感情和矛盾。……

（2）作为组织，充满了宽容和相互帮助的气氛。例如，极少有潜在性的敌意，很少有争吵，组织中的角色分配是流动性的。

（3）在达成目标方面，多有自觉性和多样性的特色。例如，达成目标的方法是光明正大的、直率的、开放性的，上下左右之间存在着许多交流沟通的渠道，同学们都积极地自觉参加各种活动，集体的全体成员自觉地从事各种创造性的工作，并多角度地受到恰当的评价。①

与此相对，在防卫性班级氛围中，成员之间充满不信任和恐惧感，教师看重对学生的控制，要求学生对其服从。在目标达成方面，强调背后的操作以及各种技巧的使用，缺少师生以及生生之间的交流与合作。学生参加活动的积极性不高，做事也往往拘泥于形式，教师对学生的评价大多是单一的。

这两种不同的班级氛围会对学生产生不同的影响。在支持性氛围的班级中，学生表现出以下几个方面的特点：

（1）感情移植和净化。也就是说能够站在他人的立场上，倾听他人的发言，替他人考虑问题。面对着对自己提出看法、批评的人，则能有一种感情方面的净化，正确对待对方。

（2）自律性。不会去为别人对自己的看法如何而担惊受怕，对自己充满自信。能够自主地考虑问题，并为自己的行为负责。

（3）客观分析能力。能够大胆地看问题，对自己所作的调查和判断有主见，能够不为大多数人的意见所影响。不会因为自己的意见与众不同而产生心理上的不安，从而轻易地改变自己的观点，也不会戴着有色眼镜看人，对人抱以成见。

---

① [日]片冈德雄．班级社会学[M].贺晓星，译．北京：北京教育出版社，1993：32–33.

（4）创造性思考。保持积极的态度，不是被动地为旧习惯和周围环境所制约。而是有特色地、多方面地考虑问题，甚至有时能够尊重通常被否定的东西，找出它们的积极性。

（5）协同和协调。集体成员之间常自觉地互相帮助。即便不特地一一强调团结也能培养出重视个人的个性、强调协调性的学生。[①]

不同于这种积极性的影响，防卫性班级氛围对学生的影响多是消极的。在防卫性氛围的班级中，学生表现出“攻击和防卫”“他律性”“主观性判断”“保守性思考”和“宗派分裂”五个方面的特点。支持性班级氛围是班级管理和建设的目标。

二、班级氛围的测量

从一开始，班级氛围的研究就是和相关测量工具的开发同步的。班级氛围的测量工具为认识和研究班级氛围提供了可能。测量班级氛围并非一项简单的工作，在众多测量方法之中，观察法和问卷法是研究者们使用最多的。具体来说，这里的观察法又称为第三者观察，是研究者作为旁观者根据事先确定好的维度对教师行为或者师生互动行为进行“记录”和“分类”。自 J. 韦恩 · 莱特斯通（J. Wayne Wrightstone）在《教师指导班级讨论的测量》（Measuring Teacher Conduct of Class Discussion）一文中研制了师生融洽等级用来测量班级中的师生互动之后，很多学者对其进行了改造和发展，形成了很多用来观察班级氛围的指标体系。其中，最为严密和常用的是弗兰德斯（N. A. Flanders）于 1963 年制定的互动分析范畴（Flanders’s Interaction Analysis Category，简称 FIAC）。他将

① [日]片冈德雄．班级社会学[M]. 贺晓星，译．北京：北京教育出版社，1993：33-34.

班级互动细化为三个维度——“教师语言”“学生语言”和“沉默”，同时将“教师语言”和“学生语言”分别划分为“主动性语言”和“回应性语言”两大类别，从而形成了观察和分析班级互动的十大项目（见表 3-3）。借助于这一观察项目表，弗兰德斯对班级互动中的语言进行了记录和分类，分别展现教师主动性语言和回应性语言以及学生主动性语言和回应性语言之间的平衡关系，最终展现不同班级氛围的特征。

表 3-3　弗兰德斯的班级互动分析范畴（FIAC）①

<table>
<tr><td rowspan="7">教师语言</td><td rowspan="3">回应性</td><td>1. 承认感觉。以不具威胁的方式承认并澄清学生的感觉基调。学生的感觉可能是积极的，也有可能是消极的。预测性的或回忆性的感觉也包括在其中。</td></tr>
<tr><td>2. 表扬或鼓励。表扬或鼓励学生行为。在不损害任何个体的情况下，通过笑话缓解紧张，点头或说“嗯？”或“继续”也包括在其中。</td></tr>
<tr><td>3. 承认或使用学生的想法。澄清、固定或发展由学生提出的观点。当老师将更多的想法带入其中，转向第 5 点。</td></tr>
<tr><td colspan="2">4. 提问。基于教师的观点，提出有关内容和程序的问题，由学生回答。</td></tr>
<tr><td rowspan="3">主动性</td><td>5. 讲授。给予有关内容和程序的事实或想法；表达他自己的想法，给予他自己的解释或引用权威而非学生的观点。</td></tr>
<tr><td>6. 给予目标。学生被期望遵守教师给予的目标、指示和命令。</td></tr>
<tr><td>7. 批评或证明权威。试图使学生行为从禁止性转向认可性的语言表述；训斥某个学生；说明教师为什么要这么做；极端的自我参照。</td></tr>
<tr><td rowspan="3">学生语言</td><td>回应性</td><td>8. 学生语言——回应。学生回应教师的语言。教师主动联系或教师要求学生表达或教师系统安排情境。学生自由表达自己观点的自由有限。</td></tr>
<tr><td>主动性</td><td>9. 学生语言——主动。学生主动发起的语言。表达自己的观点；发起一个新的话题；形成观点和思路的自由，如提出深思熟虑的问题；超越当下的系统安排。</td></tr>
<tr><td>沉默</td><td>10. 沉默或困惑。停顿；观察者无法理解其间交流的短时段的安静和困惑。</td></tr>
</table>

① N. A. Flanders. Analyzing Teaching Behavior [M]. NJ: Addison-Wesley Educational Publishers Inc., 1970.

弗兰德斯的这一班级互动分析范畴被后来的很多研究者借以使用。他们要么直接使用这一分析范畴，要么稍微加以改变再使用。与此同时，更多研究者也在此基础上开始构建更为综合的班级氛围指标体系。除了教师语言行为，教师的非语言行为、班级社会结构、教学的过程和认知维度也被纳入班级氛围的观察项目之中，形成了多维度、综合性的班级氛围指标体系。其中，比较具有代表性的有梅德利和米泽尔（D. M. Medley & H. E. Mitzel）开发的，用来观察班级中行为的“观察计划和记录”（简称 OScAR）。这一观察计划表将班级中的行为分为五大部分：

（1）活动部分。这一部分包含了班级中可能出现的 44 种活动，比如教师针对个别学生的教学、学生在座位上书写或操作、学生笑等等。

（2）小组部分。这一部分列出了 4 种规模的小组：从“至少一半学生和教师的小组”到“学生个体”。

（3）材料部分。这一部分列出一系列教学辅助材料，比如黑板、听觉教具、教科书或练习册等。

（4）主题部分。这一部分列出了 10 个最为常见的主题领域以及教师的 5 种语言类型：支持学生的、问题建构、混杂的、指令性的、批评。

（5）表达行为部分。这一部分包括教师的脸部表达行为（如笑、皱眉、怒视等）和表达性身体行为（如点头、威胁性的扫视、身体移动等）。①

① 根据 D. M. 梅德利等撰写文章整理而成，参见 D. M. Medley, H. E. Mitzel. A Technique for Measure Classroom Behavior [J]. Journal of Educational Psychology, 1958, 49（2）.

在资料分析阶段，以上所有项目被组成 14 个计分点：“用于读的时间”“教师问题建构的语言”“自主管理小组”“学生主导活动”“行动自由”“明显的教师敌意”“支持性的教师行为”“用于社会性学习的时间”“学生违纪行为”“言语活动”“传统的学生活动”“教师言语输出”“音—视频读物”“自主的社会分组”。这 14 个计分点最终被概括为班级氛围的三个方面：“情感氛围”——与观察到的对抗的相对数量相关；“言语强调”——对语言和传统班级活动的相对强调；“社会结构”——指的是学生主导活动的相对次数。不同班级氛围在此三个方面表现出不同的特征。

虽然对班级氛围的第三者观察越来越精细化和系统化，也能够客观地展现班级氛围的“真实”样态。但是，这种研究方法存在着一些难以克服的局限性。研究者首先面临的便是这种方法需要大量经过培训的专业观察者，同时还需要投入大量的时间、精力和财力，一般研究难以具备这样的条件。对此，B. J. 弗雷泽（B. J. Fraser）也提出了类似的看法。他在对比纸笔感知测量（即自陈问卷）和班级观察时首先指出：“纸笔感知测量比班级观察更为经济实惠，班级观察技术需要有关专业的局外观察者的费用。”[①] 除此之外，感知测量相较于观察还具有以下几方面的优势：感知测量基于学生许多堂课的经验，而观察数据只能局限于少量课时；感知测量涉及对一个班级所有学生的判断，而观察技术大多只涉及单个的观察者；学生感知比被观察到的行为更重要，因为学生感知比“真实”情境更能够决定学生的行为；班级氛围的感知测量通常比直接观察到的变量

① Barry J. Fraser. Twenty Years of Classroom Climate Work: Progress and Prospect [J]. Journal of Curriculum Studies, 1989, 21（4）.

更能够解释学生学习结果的变化。[1]

基于以上优势，研究者们设计了很多种班级氛围的自陈问卷，其中比较具有代表性的有：

学习环境调查表（Learning Environment Inventory，简称 LEI）

班级环境量表（Classroom Environment Scale，简称 CES）

个别化课堂环境问卷（Individualized Classroom Environment Questionnaire，简称 ICEQ）

我的班级调查表（My Class Inventory，简称 MCI）

学院和大学班级环境调查表（College and University Classroom Environment Inventory，简称 CUCEI）

科学实验室环境调查表（Science Laboratory Environment Inventory，简称 SLEI）

这六种自陈问卷都借鉴了 R. H. 莫斯（R. H. Moos）对人类环境所划分的三个维度，即关系维度，个人发展维度，系统维持和改变维度。根据这三个维度问卷制作者设置了不同的指标，最终形成了不同的陈述项目。弗雷泽从问卷的适用级别、项目数量、指标划分三个方面对这六种自陈问卷进行了较为详细的比较（见表 3-4）。

---

① Barry J. Fraser. Twenty Years of Classroom Climate Work: Progress and Prospect [J]. Journal of Curriculum Studies, 1989, 21（4）.

表 3-4 六种班级环境测量工具的指标概述①

根据莫斯的体系所划分的指标					
工具	级别	每个指标的项目数	关系维度	个人发展维度	系统维持和改变维度
学习环境调查表（LEI）	中学	7个	凝聚力 冲突 偏爱 小团体 满意 冷漠	速度 困难 竞争	多样性 正式性 物质环境 目标方向 混乱 民主
班级环境量表（CES）	中学	10个	投入度 联系紧密度 教师支持	任务导向 竞争	秩序和组织 纪律分类 教师控制 改革
个别化课堂环境问卷（ICEQ）	中学	10个	个性化 参与度	独立性 调查	差异化
我的班级调查表（MCI）	小学，中学低年级	6—9个	凝聚力 冲突 满意	难度 竞争	—
学院和大学班级环境调查表(CUCEI)	高等教育	7个	个性化 投入度 学生凝聚力 满意	任务导向	改革 个别化
科学实验室环境调查表（SLEI）	中学高年级，高等教育	7个	教师支持 投入度 学生凝聚力	开放性 整合	组织 纪律分类 物质环境

需要强调的是，尽管自陈问卷的方法拥有一些优势，但这并非说它可以取代观察的方法。自陈问卷和观察各自有其自身的优

① Barry J. Fraser. Twenty Years of Classroom Climate Work: Progress and Prospect [J]. Journal of Curriculum Studies, 1989, 21（4）.

势和局限，研究者需要根据研究问题的特征和需求选择合适的研究方法。在未来的研究中，两者的结合应是一种可取的方法尝试，通过这两种不同方法所获得的研究资料间的相互印证，研究者能够对班级氛围的认识更全面，能够获得有关班级氛围更多的“真实”。

三、班级氛围的影响

班级氛围，作为班级社会环境的社会心理方面，是班级管理和研究的重要问题。建设积极的班级氛围被视为班级管理的重要工作，因为很多研究表明班级氛围对学生的学校表现具有或直接或间接的影响。首先，班级氛围会影响学生对学校、教师和同辈群体的态度。从 R. H. 莫斯的指标体系来看，学生在班级学习生活中归属感越强，越能感受到教师的支持、班级生活的秩序和组织、明确的班级纪律、班级活动中的任务导向、同学之间的竞争以及更高的活动参与度，学生对学校、教师和同辈群体的态度将更为积极。他们能够积极地参与至班级活动和讨论之中并且和班级其他成员之间有更多、更主动积极、更有深度的交流和交往。这也得到了郑燕祥（Yin-Cheong Cheng）研究结论的证实。通过对班级社会环境和学生情感表现间关系的研究，他发现：“在有效的班级环境中，班主任关心学生，重视教学，不使用暴力和惩罚，但却会运用他们的知识、个人道德和人格创造良好的班级氛围。”[①] 在此班级氛围中，学生对学校、教师和同辈群体的态度也更加积极，学生情感表现中的这一变量对班级氛围的变化最为敏感。因此，这种班级氛围也更有利于学生社会交往能力的提升和社会化发展。

---

① Yin-Cheong Cheng. Class [M].

除了学生对学校、教师和学生同辈群体的态度外，班级氛围还是影响学生学习的非常关键的因素。具体而言，如果学生对班级氛围有更为积极的感知，他们的学习成绩更好。这一影响的存在也是学校和教师着力于建立积极班级氛围的重要原因。然而，我们需要思考的是，班级氛围如何影响学生的学习成绩呢？对于这一问题，研究者们从各个不同维度展开了研究，获得了丰富的研究结论，展现了班级氛围影响学习成绩的内在过程与机制。首先，班级氛围会影响学生的学习动机。从社会学观点来看，学习动机作为决定学业成就的关键因素，并不仅仅是教师或家长的某一行为的结果，更是形成于学生与其所处环境之间的有意义的交流。也就是说，单独的行为并不足以对学生学习动机产生长期的影响。相较而言，“有意义环境”的形成更能够长期而根本地影响学生的学习动机。安格利卡·安德森（Angelika Anderson）等人通过对三所城市中学 12 个年级的 12 个班级（每个学校 4 个班级）学生的问卷调查发现：

> 研究结果表明班级社会环境明显影响学生的动机性行为。确切地说，归属是班级氛围的重要维度，它能估量班级学生相互之间所感受到的友谊水平，通过相互理解、相互帮助完成作业和喜欢一起学习来表达。它包括以下一些项目，如“这个班级中建立了很多的友谊”和“为一个项目召集一群人是很容易的”。班级氛围中这一维度的高水平和班级动机性行为的高水平是相关的，这一研究发现和认为班级中的友谊感知对于教育过程，包括动机的研究发现是内在一致的。①

① A. Anderson, R. J. Hamilton, J. Hattie. Classroom Climate and Motivated Behavior in Secondary Schools [J]. Learning Environments Research, 2004, 7（3）.

也就是说，班级的归属水平是班级氛围中影响学生动机性行为的主要要素。在这项研究中，安德森等人指出，班级归属水平越高，不同测量方式（教师报告的班级参与度、学生自我报告的班级参与度和任务完成情况）中的动机性行为都处于越高水平。这向教育实践工作者展示了班级教学和管理中，建立高归属班级，提升学生在班级中的归属感的重要性。正是在此意义上，片冈德雄将班级定义为“参照群体”，认为只有当班级从所属集体发展为参照集体，班级才能成为一个真正的学习集体。

班级氛围会影响班级中学生的学习动机，这一结论已得到很多研究结果的印证。只是，有一些学者认为班级氛围并非直接影响学生的学习动机，而是通过其他变量的中介作用。其中，自我效能感是一个重要的中介变量。也即，班级氛围会影响学生的自我效能感，自我效能感不同，学生的学习动机便不同。自我效能感指的是个人对自己组织和实施行为过程以实现期望的教育成绩的能力评价，是个人对自己完成某项任务的能力的评价。这一评价将会直接影响个体的动机性行为。具体而言，个体越是觉得自己拥有较高的完成任务的能力，他越具有完成这一任务的动机。因此，学生的自我效能感会影响学生的学习动机，最终影响学生的学业成绩。于学生的自我效能感而言，班级氛围是一个重要的影响因素。通过对 1055 名中学生进行班级氛围和自我效能感的问卷调查，杰弗里 · P. 多尔曼（Jeffrey P. Dorman）指出：“简单和多重相关分析揭示了班级氛围的各个维度和自我效能感之间具有明显的统计显著性。这一结果表明班级氛围和学生自我效能感之间具有正相关关系。”[①] 据此可以说，

① Jeffrey P. Dorman. Associations Between Classroom Environment and Academic Efficacy [J]. Learning Environment Research, 2001, 4（3）.

学生对其所处的社会环境——班级氛围的感知，对他认识自己完成某项任务的能力具有不可忽视的影响。这是班级氛围影响学习动机，最终影响学业成绩的中间要素。

除了自我效能感，班级氛围还通过成就目标（achievement goal）影响学生的学习动机。在班级教育教学中，成就目标是理解学生行为的重要概念，它对学生的学习和行为都具有预测功能。一般而言，成就目标可分为三个层次：第一，掌握目标（mastery goal），关注能力和任务掌握的发展；第二，行为趋近目标（performance-approach goal），关注习得良好行为；第三，行为避免目标（performance-avoidance goal），关注避免不良行为。安德鲁·J. 伊利亚德（Andrew J. Elliot）通过对本科生心理学导论的课堂研究发现，掌握目标能够导致内在动机的提升，行为趋近目标会导致高层次的表现，而行为避免目标会导致较低的内在动机和较低层次的表现。那么，哪些因素会影响学生的目标选择呢？这一问题的研究对于教育教学而言非常关键，因为它可以帮助教师引导学生选择更为高级的成就目标，从而带来更好的学习成就和行为表现。对此，一些研究者从个体心理着眼，指出个体的成就需求和能力期望会影响学生的目标选择。具体而言，个体的成就需求高和能力期望高，则更倾向于选择掌握目标；个体成就需求高，害怕失败，能力期望高，则更倾向于选择行为趋近目标；个体害怕失败，能力期望低，则更倾向于选择行为避免目标。除以上个体特质外，学生对所处班级氛围的感知也会影响学生的目标选择。学生对班级氛围的不同感知将在学生选择成就目标时唤起不同的欲望和关注点，从而形成学生不同层级的成就目标。

马尔西·A. 丘奇（Marcy A. Church）等人对学生对班级氛围的感知和其成就目标的选择间的关系进行了研究。他们将班级氛围分为三个维度：授课参与（lecture engagement），即学生对授课趣味性的感知，学生越是觉得授课有趣，就越能够参与其中；评价关注（evaluation focus），指的是学生能够感知到教师在课程实施过程中强调分数和行为评价的重要性；严厉评价（harsh evaluation），它关注的是学生感知到评分结构较难，难以成功达到行为目标。通过研究，马尔西·A. 丘奇等人发现了学生对班级氛围的感知与学生成就目标选择之间的关系："掌握目标与授课参与的出现和评价关注以及严厉评价的不存在是相关的，行为趋向目标和评价关注存在联系，行为避免目标和评价关注以及严厉评价的存在是相关的。"[①] 不同成就目标的选择会直接影响学生学习的内在动机，最终影响其学业表现。

① M. A. Church, A. J. Elliot, S. L. Gable. Perceptions of Classroom Environment, Achievement Goals, and Achievement Outcomes [J]. Journal of Educational Psychology, 2001, 93（1）.

第四章

班级中的非正式群体

对于学生而言，班级无疑是一个正式组织。它是经过学校管理部门的批准、由教育者根据特定的原则将具有不同特征的学生组织起来，并具有共同的学习目标和明确的规则体系的社会组织。一般而言，学生的主观意愿无法影响班级的组建过程，他们只能被动接受班级的分配，并按要求遵守班级的规则。不过，当班级组建完成，学生在班级范围内展开互动后，他们会自发地、依据各自不同的社会需要和主观喜好重新结合，形成若干各具特色的“小圈子”（或“小集团”）。在教育社会学看来，这些“小圈子”可以被称为班级中的“非正式群体”，是学生在班级中具有实质性的高密度交往群体。

相对于班级这一正式群体，非正式群体对学生有着更为直接和有效的影响，是学生成长和发展的重要人际背景。此外，班级中非正式群体的样态也反映了学生在班级中社会交往的微观侧面，更重要的是有利于发现班级中那些被排除在非正式群体外的学生。在班级日常生活中，某个学生不归属于任何非正式群体会影响这一学生群体的自我认知，使得他失去自尊和自信。与此同时，非正式群体是班级作为一个正式组织的微观结构，只有了解了班级中的非正式群体才能更好地理解班级组织，也才能更好地实现班级的教育教学目标。由此可以说，班级非正式群体应是班级社会学的重要研究问题。

第一节 班级非正式群体的辨识

“非正式群体”最早由美国管理心理学家乔治·埃尔顿·梅奥（George Elton Mayo）提出。20 世纪 20 年代，梅奥对美国芝加哥郊外的西方电器公司霍桑工厂进行了长达八年的研究。这也就是心理学史上最著名的实验之一：霍桑实验。通过霍桑实验，梅奥发现传统的“经济人”预设以及以泰勒制为代表的科学管理模式存在着重要的缺陷：忽视了人的社会性。在进行计件工资对生产效率影响的实验环节中，研究者发现“生产小组内有一种默契，大部分工人有意限制自己的产量，否则就会受到小组的冷遇和排斥，奖励性工资并未像传统的管理理论认为的那样使工人最大限度地提高生产效率”[①]。根据这一研究现象，梅奥提出利益并非个体的唯一追求，个体也并非以单子式的方式存在于组织之中。除了追求利益，个体还拥有社会交往的需求，他们会在正式组织之中形成自己的团体。“在决定工人工作效率的因素中，工人为团体所接受的融洽性和安全感较之奖励性工资有更为重要的作用。换句话说，人有社会性需求，工人是有血、有肉、有思想的人。”[②]在此基础上，梅奥提出了“非正式群体”的概念，“非正式群体”也因此成了组织行为学和管理学的重要研究问题。此后，这一概念迈出组织行为学和管理学领域，影响了众多社会科学，其中也包括教育社会学。借用非正式群体的概念，教育社会学能够发现班级组织的内在微观结构，从而打开了

---

① [美]乔治·梅奥.工业文明的人类问题[M].陆小斌，译.北京：电子工业出版社，2013：译者序 IV.

② 同上.

班级组织的“黑箱”，能够更好地认识班级组织的内在运行。

一、班级非正式群体的特征

班级，作为由教育者所编排的一种特殊社会组织，首先是一种正式群体。它指的是：“组织精心设计与规划的有明确的目的和规章，成员的地位和角色、权利和义务都很清楚并有稳定、正式结构的群体。”[①]从班级来看，它拥有明确的教育目标，此目标的实现是班级组织的最初追求。为实现班级组织的教育目标，明确的规章制度建立起来，教师和学生之间具有清晰的地位、角色以及权责区分，同时由于班干部的设置，学生之间也被分为不同的“层级”，形成较为稳定的结构。然而，作为一种正式组织，在班级运行以实现其目标的过程中，学生并非一个个毫无意识的、可以被教师任意安排的被动存在。学生是有意识的、有自我需求的独特主体。在班级的正式结构和制度之下，每一个学生在按照教师的要求实现教育目标的同时，也会按照自己独特的社会交往需要和情感需要，选择不同的交往对象。在班级之中，学生之间的交往并非平均的，不同的交往对象之间交往的频率是不同的。那些“志趣相投”的学生更愿意在一起，有着更多的交往和交流，他们之间便形成了“友谊”。这样，在班级这一群体之中便分化出了若干不同的友谊小团体。“通过观察学生之间的交往模式便能够辨别出友谊小团体。他们倾向于一起完成学习任务，参加同样的辅助课程活动和课外活动，一起度过空闲时间。”[②]在班级这一正式群体之中分化出的这些“小团体”便是班级中的非正式群体。

---

① 陈国海，编著．组织行为学（第2版）[M]. 北京：清华大学出版社，2003：150.

② Maureen T. Hallinan, Stevens S. Smith. Classroom Characteristics and Student Friendship Cliques [J]. Social Forces, 1989, 67（4）.

不同于正式群体，非正式群体指的是“以观点兴趣爱好相似为基础、以彼此感情为纽带自然形成的、没有固定组织形式的群体”[①]。不同于班级正式群体，班级中的非正式群体产生于学生之间的自然交往之中，它没有特定的任务为指引，而只是为了满足群体成员的情感和社会交往需求。相较于正式群体，班级中的非正式群体表现出以下特征：

第一，自发性。班级中非正式群体的形成不需要教育管理部门的批准，也不是由教师主导的，而是学生在日常交往过程中自发形成的。对于是否参与至非正式群体之中，学生是有自主性的。在班级非正式群体中，学生可以找到归属感、认同感以及表现自己的机会。他们可以根据不同成员的个性特征自发形成不同的结构。

第二，成员的交叉性。班级，作为正式群体，它的结构是单一的。也就是说，一个学生只能隶属于一个班级，而不能同时归属于两个班级。但是，班级中的非正式群体却没有如此严格的界限。有些学生由于爱好、兴趣比较广泛，或者由于其个性的原因在班级中很受欢迎，具有较强的社会交往能力，他们可能同时参与至多个非正式群体之中。从而，非正式群体之间便产生了交叉。

第三，自然形成的核心人物。在班级非正式群体中，随着群体成员之间的交往和互动，他们会形成层级的分化，从而建立非正式群体内部的等级结构。在此过程中，特定学生会占据核心地位，成为非正式群体中的“核心”。但是，这种核心人物并非提前预设好的，而是在交往过程中自然形成的。对于班级非正式群体中成员角色的形成，罗南·范·罗塞姆（Ronan Van Rossem）强调：“班级中的这些非正式角色并非先验定义好的，而是儿童在多次交往过程中形

① 陈国海，编著. 组织行为学（第 2 版）[M]. 北京：清华大学出版社，2003：150.

成的。班级中的这些不同角色只有随着时间的推移才能成形。”[①] 班级非正式群体中的核心人物并非由教师任命的，而是在长期的交往过程中由于较强的社会交往能力、组织协调能力等个性特征自然脱颖而出的。

第四，排他性。在班级非正式群体中，群体成员之间的交往比较多，关系比较密切，他们能够相互帮助，共享信息，并按照群体内约定俗成的规则进行交往。但是，对于群体之外的班级成员，他们则没有那么高的交往频率，显得比较淡漠和疏远，甚至会表现出明显的排斥。他们会用不同于群体成员的标准和规则对待群体之外的成员。

第五，不稳定性。和正式群体的班级不同，班级中的非正式群体具有较强的不稳定性。由于班级非正式群体并非由教师通过固定程序组织起来的，而是其成员为满足特定的情感和社交需求而自然形成的。班级非正式群体成员之间没有固定的约束和纽带，只能依靠群体成员之间的情感或者友谊。然而，相对于制度规定和约束而言，人的情感和友谊是易变的。随着群体成员发生了意见分歧或者其他矛盾，一旦这些分歧和矛盾无法解决，班级非正式群体就会解散。在此后的互动和交往中，新的非正式群体会形成。

二、班级非正式群体的类型

由于非正式群体是自然形成的，而非按照正式程序组建而成，因此非正式群体的形成过程是多样的，没有统一的模式。这也就使得非正式群体形成了类型上的差别。一般而言，根据形成过程的差别，

---

① Ronan Van Rossem, Marjolijn M. Vermande. Classroom Roles and School Adjustment [J]. Social Psychology Quarterly, 2004, 67（4）.

非正式群体可以分为以下几种类型：亲缘型、时空型、情感型、爱好型、信仰型和利益型。其中，每一种类型的非正式群体都表现出各自的特征。（见表 4-1）

表 4-1　六种非正式群体[①]

类型	特征
亲缘型	以亲属关系建立起来的群体。
时空型	以时间和空间的接近而自然形成的群体，例如：同省份、同地区、同学历等的人；或工作中经常接触的人，如校友群体、同乡群体等。
情感型	以相互了解、相互信任、有共同语言为基础而建立起来的群体。
爱好型	以各种个性心理特征和兴趣爱好相近为基础而建立起来的群体。
信仰型	有共同的宗教信仰或为实现某种抱负为基础而建立起来的群体。
利益型	由于某种利益或观点上的一致而形成的群体，例如：汽车共乘群体（有车的某个同事驾车送其他几个同事一起上下班，其他同事一起分摊交通费用）。

在班级中，非正式群体的形成也是如此，不同的非正式群体在形成过程中也存在着很大的差别。因此，班级中的非正式群体和其他社会组织中的非正式群体是相似的，它们可以根据形成过程的不同被区分为各种不同的类型，并表现出不同的特征。但是，由于班级组织的特殊性，班级中的非正式群体在具体类型上和其他社会组织中的非正式群体还存在一些差别。比如，在班级中，一般不存在以亲属关系建立起来的非正式群体；时空型的非正式群体在高等教育阶段的班级中表现得更为典型，而在中小学班级中则比较少见；其他四种类型则在一般的班级中都比较常见。

通过梳理和分析已有相关研究，莫琳 · T. 哈里楠（Maureen T.

① 陈国海，编著 . 组织行为学（第 2 版）[M]. 北京：清华大学出版社，2003：151.

Hallinan）发现班级中小团体的形成过程有四种类型。

第一种：建立于学生友谊之上的小团体。在这种小团体中，两个学生间的友谊是基本单位。但这并非说建立于友谊之上的小团体只有两个成员，它可以由多个两人组构成。只是，这些两人组并不是相互独立的，它们因某个共同的成员而相互联系。这样，所有成员构成一个紧密联系的、具有较高交往频率的小团体，所有成员的朋友都参与至小团体的交往和活动之中。

第二种：围绕核心人物所建立的小团体。虽然班级非正式群体在其成员经历一定时间的互动和交往之后，一般都会形成一个核心人物。但是，有一种类型的班级非正式群体一开始就是围绕某种核心人物所形成的。例如，某个学生具有某方面的才能，或者具有其他成员所想要的资源，其他学生就聚集到这个学生的周围，以这个学生为中心组成一个小团体。在这种情况下，这个核心人物往往会成为团体的首领，这一首领拥有建立小团体规则和分配团体内角色的权力。

第三种：建立于正式结构之中的小团体。虽然班级正式群体和非正式群体之间存在着明显的差别，但这并不意味着两者之间绝对对立，没有任何重叠和转化。事实上，班级中的正式群体往往会成为非正式群体形成的基础。例如，教师在教学过程中将班级所有成员分成若干小组，每个小组成员之间相互合作、共同完成学习任务。虽然这是一种正式群体，但小组成员在长期的交往和合作后，则很可能会建立亲密的友谊。除了教师所要求的学习外，他们还会共同参与其他活动，有很多其他的交往和互动。这样，源起于教师分配的正式群体便发展为非正式群体，两种群体属性共同存在于同一群体之中。

第四种：建立于共同兴趣爱好的小团体。在班级中，某些学生拥有相同的兴趣爱好，他们经常一起参加喜欢的活动。一段时间后，他们之间便会建立友谊，从而形成一种非正式群体。

三、班级非正式群体的文化

班级非正式群体的形成过程不同，群体成员的特征不同，群体成员之间的互动和交流模式便不同。随着时间的推移，班级非正式群体中便会产生共享的价值、观念、思维及行为方式，成为独立于每一个成员之外并对他们产生影响的非正式群体文化。这样，不同于班级正式文化的统一性和整体性，每一个班级非正式群体都拥有自己独特的文化，被称为班级中学生的“亚文化”。班级成为多种非正式群体亚文化的共存体。H. J. 霍尔沃斯（H. J. Hallworth）以英国伦敦边缘地区一所男女同校文法学校五个班级的 150 名学生为样本，通过对他们进行社交测量发现每一个班级非正式群体都有自己独特的价值体系或者文化。他指出：

通过社会关系网图，我们展现了每一个班级中都存在相对稳定的群体……每一个群体都拥有自己的价值体系，这些价值体系有的与教师价值相对，有的与其一致。……社交选择几乎都呈现正偏态分布，所有群体的价值都集中于那些在社交测量中被多数人选择的个体。[①]

詹姆斯 · S. 科尔曼（James S. Coleman）通过对 10 所高中的学生的社会交往进行研究，发现了青少年群体拥有自己的文化，并指出这种文化不同于学校教师的价值。例如，在问及男生想要成为什么样的人时，虽然不同学校之间存在差异，但是每一所学校的学生

---

① H. J. Hallworth. Sociometric Relationships among Grammar School Boys and Girls Between the Ages of 11 and 16 Years [J]. Sociometry, 1953, 16.

选择最多的两个答案都是国内著名的运动员和飞行员。科尔曼因此指出："这些青少年的态度更多地反映了大众传媒中的主要主题和英雄人物，而非教师希望他们效仿的英雄人物。"[1]此外，青少年群体的亚文化还存在着性别的差异。在科尔曼的研究中，他发现男生大多看重体育和学业成就，而女生更看重漂亮和学业成就。P. R. 施维特（P. R. Sweet）在其对1700名高中生（13—18岁）的研究中也发现，根据小团体的规则和成员的人格特质（包括自信、成熟度和社交能力），可以将小团体分为不同的类型。

以上研究都向我们传达着班级非正式群体文化的存在，它不同于教师的主流文化。同时，由于班级非正式群体各具特色，其文化也各不相同。因此，作为学生亚文化，每一个班级非正式群体都有自己独特的价值体系或者文化类型。对于班级社会学研究而言，这是一个非常重要的发现。它展示了学生亚文化并非一个同质的整体性存在，其内部充满了多样性。学生作为某个非正式群体的一员，他们需要恪守一套信念体系并遵从一整套行为规则，从而将自己和其他非正式群体成员以及非群体成员相区别。这样，很多被忽视的班级非正式群体的文化重新被发现，尤其是那些并非建立于共同信念或信仰基础之上的非正式群体。例如，建立于共同兴趣和利益基础之上的班级非正式群体，常常被认为没有共同的价值观念，因此也没有自身的文化。但实际上，这些班级非正式群体成员的互动并不止于某种兴趣或活动，长期的交往和互动会使得他们相互影响，共享的价值体系因此建立，群体文化得以形成。

发现班级非正式群体文化的存在及其多样性的重要性并不止于

---

① J. S. Coleman. The Adolescent Society: The Social Life of the Teenager and its Impact on Education [M]. Oxford, England: Free Press of Glencoe, 1961.

这一事实的确证，还在于揭示原本被隐藏的影响学生的力量。班级非正式群体的文化会对其成员的观念和行为等产生影响。这也就是说，班级中的学生除了会寻求教师的肯定或奖励，他们还试图获得其所处非正式群体其他成员的认可和尊重。因此，原来教师所使用的激励和刺激方式就显得不那么有效了，特别是在教师观念和非正式群体的价值相冲突的情况之下。教师原来所拥有的对学生的直接控制如今被其他学生削弱甚至替代。在此情况下，教师要实现对学生的有效指导，就必须“知道如何形塑这一社会群体所需要的方向，或者如何使这一社会群体解体，从而重新建立起原来施压手段的掌控力”①。对于这两种方法，科尔曼指出后者是非常困难的，因此解决的办法只能是“学习如何把学生群体当做群体来操控，从而用它来推进教育”②。而发现班级非正式群体的文化及其多样性正为此提供了重要的理论依据。

第二节　班级非正式群体的影响因素

在班级非正式群体的形成过程中，哪些因素会产生影响呢？研究者常常会忽略对此问题的探究，此领域的研究成果也较少。这主要因为他们认为班级非正式群体的形成是“自然而然”的过程，这一过程独立于外在的环境，不受任何外在的控制，而是由班级中学生的个性特征所主导。然而，事实上，班级中非正式群体的形成除了受学生个性特征的影响外，还受到结构性因素的影

① J. S. Coleman. The Adolescent Society: The Social Life of the Teenager and its Impact on Education [M]. Oxford, England: Free Press of Glencoe, 1961.

② 同上.

响。这些结构性的因素构成了影响班级非正式群体的外在社会力量，主要包括家庭和班级本身的特征。如此说来，班级非正式群体的形成并非一个无法控制的自然且不可知的过程。弄清楚影响其形成的结构性因素，我们将能够更好地理解班级非正式群体的形成过程，从而才能够知道如何利用班级非正式群体的积极作用，或者对其形成进行干预以促进积极的学习及社会发展目标的实现。

一、家庭社会地位与班级非正式群体

家庭和班级是学生所处的两个不同场所，但这两个场所之间并非相互独立的，它们以学生为纽带形成了紧密的联系。当学生从家庭进入班级时，他们并不能去除家庭背景在其身上留下的印记。实际上，每一个学生都带着家庭影响下的身心特质进入班级之中，并在班级之中进行着学习和社会交往。不同家庭背景会形塑学生不同的身心特征，身心特征不同的学生在班级中会选择不同的交往对象，并采取不同的交往模式。也就是说，家庭会影响学生在班级中所选择的交往对象及其交往模式，便也会影响班级中的非正式群体。具体而言，家庭的社会经济地位会影响学生的择友，是班级非正式群体形成的重要基础。

从班级非正式群体的形成和维持而言，群体成员的相似性是一个核心原则。成员在特性特征或者价值观念方面越是相似，他们的相互交往越多，越能够形成小团体；同时，他们也更能够形成态度和观念的一致，这有利于他们之间相互关系的维持，小团体便具有更强的稳定性。“许多研究表明具有某些相关特征相似性的人更可能组成友谊小团体，他们更倾向于在某些重要的态度上达成一致。随着时间的推移，积极的人际关系会稳定化，稳定的关系会增加相互之间的意见异质性和吸引力。”[①]如此，我们可以推断，从家庭社会经济地位来看，学生也会选择与具有相似家庭背景的学生交往。也就是说，具有相似家庭经济背景的学生之间更容易形成友谊，他们具有更多形成非正式群体的可能性。可以说，班级非正式群体成员的家庭背景具有较高的相似性。这也就将班级非正式群体从家庭背景方面分为了各个不同的等级，它们之间形成了等级的结构。也就是说，班级非正式群体是一个等级系统，有些群体占据主导地位，而有些非正式群体仅占次要地位。

奥古斯特·B. 霍林斯黑德（August B. Hollingshead）于 1949 年对美国得克萨斯州榆城（Elmtown）青少年的个案研究是最早的青少年友谊群体研究之一。他的《榆城青年》（*Elmtown's Youth*）便是要确定青少年的社会交往及行为是否会受到其家庭在社区身份等级结构中的地位的影响。通过对 735 名中学生（大部分在社会中的同一所中学）进行为期一学年的观察，霍林斯黑德发现大部分学生会在具有一定程度排外性的小团体中进行社会交往。在这些小团体中，每一个小团体成员的家庭社会阶层都是相似的。青少年的小团体成为孤立低阶层学生的有效工具。此外，在小团体中，每个人都被赋予一定的位置，从而小团体内部又形成了一个身份等级体系。

在研究青少年非正式群体时，科尔曼也发现了家庭背景对学生非正式群体的影响。具体而言，学校学生是否能成为班级或学校中的主导群体成员受到家庭背景的影响。在对 10 所高中的学生的调查中，虽然比例各不相同，但每一所学校都有学生明确表示家庭背景是决定能否进入主导群体的重要因素。当然，学生的学业成就也是

① Maureen T. Hallinan. Patterns of Cliquing Among Youth. in Friendship and Social Relations in Children [M]. edited by Hugh C. Foot, Antony J. Chapman, Jean R. Smith. NJ, US: Transaction Publishers, 1980, reprinted 1995.

另外一种重要的影响因素，是决定学生能否成为主导群体成员的另一个重要标准。但问题在于，家庭背景和学业成绩常常无法分开，它们之间存在着高度的相关关系。“由于社会背景一方面和学校中（学生）的优秀表现有着高度的相关关系，另一方面和进入大学之间有着高度的相关关系，通常情况下那些来自‘更好的家庭’的学生更有学习天赋。”[①] 这便导致了这种现象的产生：

> 如果管理者强调优秀的学业成绩并想方设法奖励那些在学校中表现很好的学生，那么通常的情况是他便奖励了那些来自“更好的家庭”的少数学生。与此相似，如果青少年亚文化中的主导群体大多由那些具有学习天赋的学生组成，那么主导群体成员便主要是那些来自铁路右边的学生[②]。这些因素也被青少年视为同一通用集群的一部分。当问及梅普尔格罗夫学校（Maple Grove）的一位女孩要进入主导群体需要哪些条件时，女孩回应道：“你需要很聪明，你需要有钱，你需要有好看的衣服，而且你需要参加学校的所有活动。”
>
> 对主导群体的界定就包括了家庭背景和良好的学习表现，这主要因为这些特征集中于同样的个体身上，因为这两个特征将他们和其他学生区别开来。[③]

在具体分析家庭社会经济地位或家庭背景对学生非正式群体的

① Maureen T. Hallinan. Patterns of Cliquing Among Youth. in Friendship and Social Relations in Children [M]. edited by Hugh C. Foot, Antony J. Chapman, Jean R. Smith. NJ, US: Transaction Publishers, 1980, reprinted 1995.

② 来自铁路右边的学生，这里指家庭条件较好的学生。

③ J. S. Coleman. The Adolescent Society: The Social Life of the Teenager and its Impact on Education [M]. Oxford, England: Free Press of Glencoe, 1961.

影响时，科尔曼指出那些拥有高等教育学历父母的学生更容易进入主导群体之中，而那些父母只拥有小学学历的学生基本难以进入其中。不过，家庭背景对学生非正式群体的影响并非总是以这种“优势阶层”模式进行。科尔曼认为，这种模式主要发生于那些中产阶层家庭学生占据多数的学校。相反，在那些中产阶层家庭学生占据少数的学校之中，“优势阶层”模式则起不了作用。在这些学校中，主导群体中的大多数学生都来自社会经济地位较低的家庭。因此，家庭背景对学生非正式群体的影响遵循的是“多数派”模式。科尔曼指出：

> 在学生父亲受教育水平最低的学校中……主导群体中父亲是大学背景的学生最少。在学生父亲受教育水平最高的那些学校中……主导群体中父亲是大学背景的学生最多。[①]

对于班级中的非正式群体，“多数派”理论也具有重要的意义。它让我们看到，在班级非正式群体的等级体系中，那些占据较高位置的非正式群体并非仅仅是由学生个体的特征所决定，而会受到学生所处的家庭背景或者说家庭社会地位的影响。然而，这也并非说家庭社会经济地位高的学生所处的非正式群体一定是高等级的，这一结论能否成立取决于在人数方面占主导地位的班级成员的家庭背景。家庭社会经济地位对班级非正式群体的影响取决于班级成员已经形成的阶层结构，高等级的非正式群体只能使已经占据主导地位的家庭背景特征更为突出。

---

① J. S. Coleman. The Adolescent Society: The Social Life of the Teenager and its Impact on Education [M]. Oxford, England: Free Press of Glencoe, 1961.

二、班级结构与非正式群体

班级非正式群体形成于班级组织之中，班级的结构性特征必然会对其产生影响。因为班级的结构性特征不仅会影响班级中的每个人及其相互之间的互动，还会影响他们在相互交往和互动中所建立的联系，也即班级中小团体。班级规模、班级的组织形式以及班级氛围不同，班级中所形成的非正式群体也具有不同的特征。

从班级规模而言，这是影响班级非正式群体最为直接的要素。班级规模的大小直接影响着班级成员或学生能够选择的朋友数量。在大班中，由于学生人数多，每一个学生遇到与自己特征相似的学生的数量更多，可能性也更大。这也就是说，相较于小班，大班中学生的朋友数量更多。与此同时，由于大班学生人数多，每一个学生都无法与班级中的所有学生进行交流和互动，因此大班中的学生更倾向于在自己的亚群体中进行交往。这样，在长期的交往和互动中，班级中的这些亚群体便发展为友谊小团体。由此，我们可以推论，班级规模会影响班级中非正式群体的数量和规模。具体而言，随着班级人数的增加，班级中非正式群体的数量和规模都会随之增加。莫琳·T. 哈里楠在研究中也发现了班级规模与非正式群体的规模及数量之间的关系，其指出：

> 考察班级规模对小团体规模的影响发现，在截面数据中大班中的小团体规模要比小班中的更大。在纵向数据中，这种差异也具有统计学上的显著性。这样，小团体成员的数量会随着班级规模的增大而增加。[1]

---

① Maureen T. Hallinan. Structural Effects on Children's Friendships and Cliques [J]. Social Psychology Quarterly, 1979, 42（1）.

与此同时，班级规模越大，班级中非正式群体的数量也更多。在研究中，哈里楠也给出了类似的结论，“正如所预期的那样，大班中非正式群体的数量要明显地多于小班”[①]。这一结论对于我们客观评价班级规模具有重要的作用。由于小班对于学生的学习具有积极的影响，小班在教育实践和理论研究中受到越来越多的青睐。相较而言，大班则不那么受欢迎。但从以上研究结论，我们发现大班并非一无是处，它虽然在促进学生学习方面无法与小班相比，却更有利于促进学生的社会交往。面对以上研究结果，哈里楠也表示：“虽然一般而言大班被视为学生学习的遏制力，但这些结果却表明它们可能在培养学生的友谊方面有其优势。”[②]与此同时，哈里楠也猜测，大班对学生学习和社交两方面的不同影响可能源于大班促进学生友谊的同时也动摇了教师的权威，从而遏制了他们的学习。

除了班级非正式群体的规模和数量外，班级规模还会影响其性别构成。在大班中，由于学生有机会接触更多的同性别同学，并与他们（她们）形成朋友关系，最终发展为友谊小团体。因此，大班中的跨性别非正式群体会明显少于小班。此外，大班学生无法与所有成员进行交往和互动，他们大多选择与小团体成员进行交流，因此大班小团体成员间的交流频率相较小班更高。这样，更频繁的交流也使得大班中非正式群体的稳定性要高于小班。

除班级规模，班级的组织形式也会对其中的非正式群体产生影响。在传统班级中，学生的座位分配和学习小组划分都是根据教师所设定的标准进行的，学生之间的自由交往较少。相反，开放教室赋予学生更多自由交流的空间，学生可以自由选择自己的座位，并

① Maureen T. Hallinan. Structural Effects on Children's Friendships and Cliques [J]. Social Psychology Quarterly, 1979, 42（1）.

② 同上 .

在学习过程中自由选择所属学习小组。据此，我们似乎可以推论，传统班级中学生的朋友数量要少于开放教室中的，其非正式群体的规模要小于开放教室中的。然而，哈里楠却发现，传统班级中每个学生所选择的好友数量以及被选为好友的次数要高于开放班级中的学生，同时“在两类数据中，传统班级中的小团体平均规模要大于开放班级”①。这也就是说，班级的组织形式会影响学生的朋友数量以及他在班级中的受欢迎度，因此也影响了班级非正式群体的规模。另外，班级的组织形式还会影响班级中那些不太受欢迎的学生能否进入非正式群体中。在传统班级中，由于学生之间的交往受到教师更多的限制，学生的交往倾向于局限在某个固定的团体中或已有的好友之间，班级中那些不太受欢迎的学生便很少有机会受到其他同学的了解和喜欢，从而也难以进入班级中的小团体之中。这样，大班中的小团体便也具有更强的稳定性和排外性。与此相反，开放教室中学生之间的交往自由度更高，学生之间的交往面也更大，这也增加了班级中那些不太受欢迎的学生被其他同学了解和喜欢的可能性，从而也增加了其进入某个小团体的可能性。因此，开放教室中的小团体对新成员也更为开放，其稳定性也更差一些。

最后，班级非正式群体的规模和数量等特征还受到班级氛围的影响。班级氛围，作为学生身处班级的重要社会心理环境，不仅会对学生的学习产生影响，还会影响学生在班级中的社会交往和行为，从而影响班级非正式群体的特征。在《班级特征和学生友谊小团体》（*Classroom Characteristics and Student Friendship Cliques*）的研究中，哈里楠指出学习氛围对于班级非正式群体具有显著的负面影

① Maureen T. Hallinan. Structural Effects on Children’s Friendships and Cliques [J]. Social Psychology Quarterly, 1979, 42（1）.

响。其中论述道：

> 这一结果提供的一些证据表明教师对标准化考试及优异成绩强调得越少，学生小团体在阅读成绩方面则表现出越大的差异性。这一有意思的发现提出了教师影响学生社会性发展的重要机制。通过强调标准化考试和优异成绩，教师会促使学生在建立社会关系网络时选择那些与他们自己的学业成就水平相当的同学。①

这表明教师的价值观念和教学行为会影响班级氛围，也会影响学生的观念和行为，成为主导学生在好友选择及建立非正式群体过程中的核心逻辑。从这里我们可以发现，班级非正式群体虽然不同于正式群体，但两者之间并非对立，而是相互之间存在着联系和影响。不仅教师对标准化考试及成绩的强调会影响班级非正式群体的特征，班级学生实际的学习成绩也会影响其非正式群体的特征。在哈里楠的这项研究中，其结果还展现了班级的阅读成绩对班级非正式群体具有负向的影响。其分析道：

> 班级平均阅读成绩对于班级小团体的数量具有统计学上显著的负向影响……班级平均阅读成绩越好，班级中小团体的数量越少。显然，高能力学生倾向于在更少小团体中进行社会交往或者倾向于不建立友谊小团体。②

① Maureen T. Hallinan, Stevens S. Smith. Classroom Characteristics and Student Friendship Cliques [J]. Social Forces, 1989, 67（4）.

② 同上.

这些发现向我们揭示了班级非正式群体在形成过程中如何受到班级氛围的影响。这一发现的重要意义在于它也指明了班级非正式群体与教师并非格格不入、完全对立的存在，教师和学生在班级中的小团体之间是存在着联系的。因此，这一联系的揭示也指明了教师利用和介入班级非正式群体的途径。

第三节　班级非正式群体的教育功能

班级非正式群体，是学生在班级中所处的“小环境”。相较于班级这个正式组织，学生在班级中所处的非正式群体是真正属于他们自己的群体，他们是这个群体的主体。班级非正式群体也更能够被学生所认可，学生对它拥有更强的认同感。因此，班级非正式群体对学生的影响往往要大于正式群体，学生更认同并且更愿意遵守非正式群体中的观念和规范。在此意义上，有学者指出，班级非正式群体对学生的影响仅次于父母，但位于教师之前。班级非正式群体对学生的影响在很多情况下要大于教师对其的影响。

基于此，班级非正式群体受到了很多研究者的关注，班级非正式群体成为教育研究的重要对象。不过，这些研究大多关注班级非正式群体中的“消极型”或者“反班级型”，寻求对这类非正式群体的管理和转化策略。不可否认的是，这一类非正式群体在班级中确实是存在的，并且对于学生的学习和发展都具有负面的影响。但是，它们仅是班级非正式群体中的少数，我们并不能因此而完全否定班级非正式群体及其影响。在它们之外，班级中大多非正式群体都是积极型的，它们对于学生的学习、社会性发展以及态度等方面都具有积极的影响。虽然研究者们对班级非正式群体的影响存在着认识上的分歧，但不可否认的是，班级非正式群体是学生开展社会交往、拓展社会联系的重要方式。“无论这两种立场中的哪一种被认可，没有人会否认小团体倾向于扮演学术机构所传达的信息和个体学生事实上所接收的信息之间的调节者角色。”① 只有弄清楚班级非正式群体的调节过程及细节，我们才能更恰当地对待并有效地利用它们以促进学生的学习和发展。

一、班级非正式群体与学生的社会性发展

学生在班级中的社会交往很大一部分都处在非正式群体之中，班级非正式群体是学生从家庭走向社会的重要社会化群体，能够为学生进入成人社会做好准备。也即，班级非正式群体能够有效促进学生的社会性发展。显然，学生的社会性发展是一个多维度的复杂过程。陈会昌将儿童的社会性发展细化为九个维度——“社会性的情绪和情感、社会认知、社会适应能力、遵守生活常规和社会规则情况、遵守道德规则和准则情况、同伴关系、自我控制能力和意志品质、独立性、自我意识和自我教育”②。其中，每一个维度又包括几个方面的内容：

（1）社会性情绪和情感：与同伴交往时的一般情绪状态、与父母交往时的一般情绪状态、对情绪的自我控制能力、特殊情况下的情绪状态、消极情绪出现频率、移情特点。

（2）社会认知：对成人要求的理解和采纳能力、对同伴意见的理解和采纳能力、角色承担能力、对社会和道德规则的理解能力、对行为动机与后果的分辨能力、对成人惩罚的认识。

---

① Sandra Bowman Damico. The Relation of Clique Membership to Achievement, Self-concept, Social Acceptance and School Attitude [J]. Dissertation Abstracts International Section A: Humanities and Social Sciences, 1974, 35（2-A）.

② 陈会昌 . 儿童社会性发展量表的编制与常模制订 [J]. 心理发展与教育，1994（4）.

（3）社会适应：对父母和亲人的依恋程度、对新社会环境的适应能力、对陌生人的态度。

（4）遵守生活常规和规则：遵守家庭生活常规、遵守群体生活常规、遵守群体规则、遵守社会规则。

（5）遵守道德规则和准则：诚实、公平和公正、同情心和怜悯心、利他心。

（6）同伴关系：同伴交往的一般特点、社会交往技能、侵犯性、竞争与合作、互惠与分享。

（7）自我控制能力和意志品质：行为的坚持性、两难情境中的果断性、对无意义行为的自我控制、克服困难能力。

（8）独立性：生活自我照料能力、独立解决问题能力、与人交往中的不依赖性。

（9）自我意识和自我教育：自我形象、自我认识、自我评价、自我归因、自尊心和自信心。①

班级非正式群体是以学生为主体所组建的群体，它是学生交往过程中自然而然的结果。不同于班级正式群体，它的存在和运行不取决于教师的干预和规定。可以说，班级非正式群体是学生自己的群体，他们在其中也进行着类似成人社会的交往和互动。在此互动过程中，学生学会了理解群体规范和道德规则、相关角色及要求以及他人的行为动机和后果，增强了对社会环境的适应能力，明白了遵守群体规范的必要性并提升了遵守群体规范的能力，他们在与群体成员的竞争与合作中也提升了竞争及合作能力，其自我认知和自信心也因此增强。总之，依以上九个维度而论，班级非正式群体有利于促进学生社会性的发展，“也就是在这些群体中，青少年澄清

---

① 陈会昌 . 儿童社会性发展量表的编制与常模制订 [J]. 心理发展与教育，1994（4）.

了他们的性别角色并学会了成人所需的各种社会技能”①。对于学生社会性发展的具体方面，班级非正式群体的影响也得到了研究证实。例如，学生自我认知形成于他们与其重要他人的交往过程中，这些重要他人构成了学生认识自己的“镜子”。在班级中，除了教师，其所处非正式群体中的成员便是他的重要他人。学生的自我认知会受到其在班级非正式群体中的交往的影响。对此，很多研究进行了证实：

> 斯波尔丁（R. T. Spaulding）报告了两项研究的结果，表明同伴认可和自我概念之间的关系。社会性孤立儿童的自我认知看上去被降低或扭曲。施穆克（Schmuck）通过对小学生的研究发现：“……学生的学业成就以其情绪内容为条件，其情绪内容与他的作为同伴和学生的自我概念相关，这些自我概念一部分形成于学生与同伴间的喜欢关系。”那些认为自己受欢迎的学生，而不管他们是否真的如此，倾向于更积极地认识自己，从而更好地利用他们的学习能力。②

学生能够成为班级非正式群体的成员，这反映了他们被同伴的喜欢程度，同时也影响着他们的自我认知，最终会影响学生的社会性发展。对学生的社会性发展而言，班级非正式群体起着举足轻重的作用。E. A. 史密斯（E. A. Smith）在其研究中也得出了类似的结论：“小团体有助于社会和情感的成熟，青少年群体经验的缺乏可能会

---

① Sandra Bowman Damico. The Relation of Clique Membership to Achievement, Self-concept, Social Acceptance and School Attitude [J]. Dissertation Abstracts International Section A: Humanities and Social Sciences, 1974, 35（2-A）.

② 同上.

导致一些形式的成人失调。”①

二、班级非正式群体影响学生的态度

上文提及，相似性是学生在班级中组建非正式群体的核心原则，班级非正式群体成员在观念和行为方面呈现出相似性。对于这一现象，研究者常常解释为小团体组建时的选择结果。但是，这只是问题的一部分。事实上，班级非正式群体成员的相似性是选择和影响的共同结果。也就是说，除了班级非正式群体组建之初学生倾向于选择与其相似的学生之外，群体成员的相似性还可能来源于他们在群体之中的相互影响，或者是两者共同作用的结果。丹尼斯·B. 坎德尔（Denise B. Kandel）通过研究指出群体成员相似性的双重原因：

> 对相似性的实验室研究认为它们是早期阶段相识的结果，并认为必然是相似性先于并决定了人际吸引。然而，在现实生活中实际进行着的友谊中，我们难以确定某一时刻观察到的相似性在何种程度上先于，或者相反，产生于人际的相互吸引。相似性可能形成于人际相互影响的过程，在此过程中一个朋友会影响其他朋友，也可能是源于那些具有共同特征和兴趣的青少年先前的聚类效应，又或者是两个过程的结合。②

---

① Sandra Bowman Damico. The Relation of Clique Membership to Achievement, Self-concept, Social Acceptance and School Attitude [J]. Dissertation Abstracts International Section A: Humanities and Social Sciences, 1974, 35（2-A）.

② Denise B. Kandel. Similarity in Real-Life Adolescent Friendship Pairs [J]. Jounal of Personality and Social Psychology, 1978, 36（3）.

从此侧面，我们能够推断出班级非正式群体成员之间存在着相互的影响，这种影响最终导致成员间在态度和行为上的相似性。由此，可以说，班级非正式群体对其成员的态度会产生同化的作用。伯克（Howard Saul Becker）和吉尔（Blanche Geer）在研究中指出：

> 尽管学生可能会以个体独特的方式对学习经验进行解释和回应，但这并不是必需的，也非经常的。更典型的情况是，当他们在学校活动中相互认识之后，他们形成了对于共同活动及兴趣的共同理解，并对于他们所承担角色的适当行为达成共识。[1]

具体来说，班级非正式群体对其成员的态度影响可以通过两种途径形成：信息共享和群体压力。很多时候，班级非正式群体成员的社会交往是一种信息分享和交流的过程。在此过程中，一成员将信息传递给其他成员，形成信息的共享。这一信息会影响群体成员对某一事件的看法和态度，从而信息的共享过程也是同化群体成员态度和观念的过程，群体成员的态度因此呈现出相似的特征。对此，纽康姆指出：

> 交流者，至少是短暂的，在一个方面或者多个方面，倾向于变得比交流之前更为相似。至少（假定故意发送的信息被或多或少准确接收），发送者和接收者此时共同拥有发送者试图引起接收者注意的、有关交流主题的信息……如果我们进一步限定条件，这一主张将能够适用于更大范围的相似性。例如，我认为，一个

① H. S. Becker, B. Geer. Student Culture in Medical School [J]. Harvard Educational Review, 1958, 28（1）.

> 人表达了对某一事物的看法……在一定程度上他是真诚的，并且接收者相信他是真诚的，交流（如果被准确接收）将会导致认知相似性的增加……现在假如我们再增加一个限制条件——接收者不仅相信发送者的真诚还尊敬他的博学；在这些条件下，观念的发送者和接收者更可能变得比之前更相似。[①]

交流双方相信对方的真诚时，两者信息的共享能够影响双方的态度，使两者在态度上更加相似。班级非正式群体，由于是学生自主建立的，他们对这一群体拥有更强的归属感，群体成员之间更为信任。因此，班级非正式群体成员间的交流能够形成信息的共享，从而影响他们的态度。除此之外，班级非正式群体本身对于其成员来说也构成了一种外在的力量，影响他们对重要事物的态度。每一个班级非正式群体都拥有对于特定事物和对象的共有态度，这种态度或者是群体多数成员共享的，或者是群体中的领导者所认可的。当学生要想成为这个非正式群体的成员时，他会对这个非正式群体有较强的认同感，从而也会选择接受并认可该群体的价值和观念，形成对事物和人物的态度和看法。与此同时，也只有他选择接受这一非正式群体对于特定事物和对象的共有态度，他才能被此群体成员或者领导者所接受，真正成为这一群体中的一员。科尔曼在其研究中便指出非正式群体的规则会影响学生对学业成就的态度。可以说，班级非正式群体的规则不仅规定和影响学生的行为，还会影响学生对学习、对学校的态度。因此，学生的态度并非一种个体的心理，而是形成于群体过程之中，并受群体的影响。这也就是说，教

① Theodore M. Newcomb. The Prediction of Interpersonal Attraction [J]. American Psychologist, 1956, 11（11）.

师所重视的、希望学生具备的态度需要得到班级非正式群体的支持，无视班级非正式群体对学生态度的影响，教师无法真正影响学生对学校和学习的态度。同时，也只有了解了班级非正式群体对学生态度的影响机制，教师才能够更好调整教学及班级管理方式，为那些在学习上有困难的学生提供有效的帮助。

三、班级非正式群体影响学生的学习

大多数情况下，人们都认为学生的学习受他们的家庭背景和能力的影响。尤其是家庭背景对学生学业成绩的影响，教育社会学者已经对此做了很多研究，并对两者的关系进行了确证。然而，除此二者外，学生在班级中所处的非正式群体也会对他们的学习产生影响。具体而言，班级非正式群体会促进或者阻碍学生在学校中的学习过程，而这取决于其主导价值和教师价值之间的关系。如果班级非正式群体的价值和教师价值之间是相关的，那么隶属于这一群体将有助于学生维持对学业的兴趣，并促使其更好地完成学业。或者说，班级非正式群体中有关学习任务、家庭作业和课堂行为的规范是积极的，那么隶属于这一群体能够促进学生的学习。因为学生想要成为其中的一员或者想要获得其他成员的认可，那么他就会对学习表现出更大的兴趣，投入更多的时间和精力，取得好的学业成绩。相反，如果班级非正式群体成员的态度是“反学习的”或“反教师权威的”，那么学生要维持其在群体中的地位或其他成员的认可，他们会迫于其所在非正式群体的压力对学习和教师的指导表示抵触，而这将会妨碍学生在班级中的学习。菲利普·卡西克（Philip Cusick）在研究中也表示，一些学生小团体会抵制教师促使学生参与学习过程的努力，从而动摇教师的角色。也就是说，班级非正式群体的价值和规范对于其成员来说构成了一种外在的压力，这种压力会促使学生对学习投入更多的时间和精力，或者也有可能会限制学生的学习兴趣。

对于学生来说，成为班级非正式群体的一员这一事实会影响他们的自我认知和学习动机。希尔德·泰伯（Hilda Taba）表示："很有可能……归属感的缺失会影响与学业成就有关的自我认知和动机……因为将学生纳入学校小团体中看上去能够增强学习动机，而分裂和鼓励则会减少其动机和努力。"[①] 归属于某一个非正式群体的学生有更强的群体归属感，这也增加了他们的学习动机。在希尔德·泰伯看来，班级学生的一些与学习相关的问题，例如纪律、辍学和学习兴趣缺失，在很大程度上与学生无法在班级或学校中建立和维持一种健康的小团体关系相关。当学生在班级中无法进入某个小团体中，他们常常会认为自己不被喜欢，他们会因此更消极地认识自己，形成对自己的否定性评价。这使得他们缺乏学习的动机。他们对学习不感兴趣，因此不会遵守班级和学校纪律，甚至会选择离开学校。最终，他们的学习和学业成就也会受到影响。

除了通过群体价值的压力和自我认知对学生的学习产生影响，班级非正式群体还会影响教师的教学。在班级中，非正式群体往往是与正式群体——如教师在教育教学过程中对学生的分组——共存的。能力分组是当下班级教学过程中教师常采用的教学组织形式。在进行能力分组的过程中，"教师可能会考虑到班级的社会结构以有效利用学生的友谊来促进学习。结果，小团体的存在可能会影响教师关于能力小组的数量、规模和构成。这些小组特征……会影响

① Sandra Bowman Damico. The Relation of Clique Membership to Achievement, Self-concept, Social Acceptance and School Attitude [J]. Dissertation Abstracts International Section A: Humanities and Social Sciences, 1974, 35（2-A）.

学生的学业成就”[①]。因此，教师教学是班级非正式群体影响学生学习的一个重要中介因素。

从以上几个方面得知，班级非正式群体作为学生为自己所构筑的社会环境，对他们的学习产生着影响。对这一问题的考虑是教师有效教学的重要条件，也是教师对学习困难学生进行帮助的重要前提。因此，布鲁克瓦和埃里克森（W. B. Brookover & E. L. Erickson）论述道：

> 如果班级教师想要教学取得效果，每一个教师必须能够辨别学生所扮演的不同角色、他们的角色行为所遵守的规范、规范所基于的价值以及这一行为模式首先出现的原因。理解了这些问题将能够使班级中学习产出最大化。……[②]

---

① Maureen T. Hallinan, Stevens S. Smith. Classroom Characteristics and Student Friendship Cliques [J]. Social Forces, 1989, 67（4）.

② W. B. Brookover, E. L. Erickson. Society, School and Learning [M]. Boston: Allyn and Bacon, Inc., 1969: 110.

第五章

班级中的课堂教学

班级，作为学校的基本单位，是各种教育活动的展开场所。班级中存在着多种教育活动。尽管如此，我们不可否认的是，课堂教学是班级教育活动的核心，“教学是学校教育的根本。教师的作用主要是以教学来评价的；家长总希望自己的子女在学校里能够受到良好的教学。这是因为谁都明白，教学掌握着儿童将会怎样变化的钥匙”[①]。同时，课堂教学还是班级作为一种特殊组织的本质特征。因为，学生的学习成长是班级组织需要实现的目标，片冈德雄甚至将班级定义为“以学习为目的的集体”，将学习作为区分班级和其他集体类型的重要特性。课堂教学则是班级实现其组织目标的主要手段，离开课堂教学，班级便失去了其作为特殊社会组织的特殊性。因此，课堂教学应是班级社会学研究的中心议题。

① [日]筑波大学教育学研究会，编.现代教育学基础[M].钟启泉，译.上海：上海教育出版社，2003：273.

第一节　课堂教学的结构

要认识课堂教学活动，首先需要做的是对其结构和组成要素进行分析。课堂教学活动由哪些要素组成？对这一问题，国内研究结果中比较普遍的观点是“三要素说”：教学活动由教师、学生和教学资源三个要素组成，而教学资源主要指的是教学内容。尽管在教学内容之外，还存在着很多的教学资源，但本节无意对它们进行一一罗列。但是，由此三者所构建的教学活动包括了师生间的一对一教学，这无疑是课堂教学的基本形态。在现代班级授课制下，课堂教学一定是一个教师同时面对多个学生。因此，师生以及生生之间互动所形成的人际关系也是教学活动的核心要素。更重要的是，它会对课堂教学产生系统的影响。可以说，教师、学生、教学内容和人际关系是课堂教学活动的四个核心要素，其中任何一个都会对课堂教学活动产生直接的影响。

一、教师

不管如何界定课堂教学，教师一定是一个不可忽视的要素，其在课堂教学中的地位是不言而喻的。缺少了教师，课堂教学便无法称为课堂教学。不同于自学，教师在课堂教学中是以学生为对象的。这也就是说，教师“要用他人的眼光来审度事物。倘若碰到难点，还得善于发现，并且提供克服难点的手段”①。因此，并非所有人都能够承担教学的工作，这不仅仅是因为知识储备的限制，更是因为教学专业能力的限制。在课堂教学中，教师需要运用其专业能力协

① [日]筑波大学教育学研究会，编.现代教育学基础[M].钟启泉，译.上海：上海教育出版社，2003：273.

助并促进学生运用学习内容进行学习。教师一方面要理解学生，指导或协助学生；另一方面，教师还需要研究学习内容，组织学习内容。如此，教师才能够使学生和学习内容发生联系，学习内容才能够影响学生的认知和行为。作为课堂教学活动的决策者和实施者，教师在教学中所表现出的专业能力不仅影响着学生在课堂中的学习效果，同时也影响着师生互动过程中教师的权威。学生会根据教师的教学能力对教师进行评价，从而选择信任或不信任教师，或者说选择尊敬或不尊敬教师。因此，教师的“专业力”影响着他们能否在学生中建立权威。对于教师这一因其专业能力而形成的权威，韦布（R. S. Webb）称之为“个人权威”（personal authority），它指的是“由学生对于教师的判断、经验及专业知识等方面的信任而产生的权威”[①]。这种权威可以称为“自发性的、互动性的权威”。除此权威之外，教师还拥有另外一种不同来源的权威：“地位的权威”（positional authority）。这也类似于威拉德·沃勒（Willard Waller）所说的制度的权威，也即教师的权威来自制度的赋予，或者说制度在赋予某个人以教师的称呼、赋予某个人以教师的位置时，同时也赋予了其权威。这是“由教师在学校组织中的地位所被赋予的权威，学生仅仅因为教师是‘老师’而被要求尊敬之”[②]。对于教师的这一权威，学生是无法选择的。他们只要进入学校或者进入某个班级，他们就必须面对教师所拥有的权威。因此，这种权威也可称为“非自发性的、强制性的权威”。

对于学生而言，教师的这两种权威是不同的，它们意味着学生与教师之间的不同距离。教师的个人权威来源于师生互动中学生对

① 吴康宁 . 教育社会学 [M]. 北京：人民教育出版社，2019：241.
② 同上 .

教师专业能力等方面的信任以及对教师个人的尊重，这种权威下学生和教师拥有较亲密的关系。教师的地位权威来源于制度的赋予，是强加于学生的一种教师权威。在这种权威之下，学生与教师的关系较远。因此，教师的地位权威是一种先赋性权威，难以真正触动学生的内在世界，也难以真正影响学生在班级中的学习。教师只有在课堂教学的过程中，通过对学生学习的指导以及与学生的互动，形成自己的个人权威，他才能够赢得学生的信任和尊重，也才能影响学生的内心世界，其课堂教学才有可能取得效果。如此而言，教师作为课堂教学活动的要素之一，其重要任务就是实现在地位权威的基础上迈向个人权威，这既是教师课堂教学活动顺利开展的前提，也是课堂教学的任务之一。同时，从更宽泛的意义上而言，教师个人权威的形成也是整个班级教育活动取得效果的重要条件。

二、学生

在课堂教学的要素中，学生是一个与教师相伴相生、难解难分的要素。可以说，没有教师也就不存在所谓学生；同样，没有学生也就无所谓教师。教师和学生是课堂教学活动中相互依存的两个要素，也是相互塑造的两个要素。在传统的教育理论中，人们常常凸显教师在教学活动中的主导地位，而忽略学生应有的主体地位。在教学活动中，除了教师，拥有独特个性的学生也是重要的不可忽视的要素。学生具有自身需要、能力、兴趣等方面的个性特征，教师在班级教学活动中，只有考虑到学生的这些个性特征，才能更有效地对学生的学习进行指导，也才能更好地进行教学决策。自卢梭（Jean-Jacques Rousseau）之后，儿童在教育教学活动中的主体地位被发现，并受到重视。这便形成了“尊重儿童”“理解儿童”的教育教学原则。片冈德雄将“认识儿童”称为教育教学活动的“自发性原理”，他指出：

> 自卢梭发出要“认识孩子”的呐喊后，这一点便被作为“自发性原理”，在近现代教育史上一直被反复强调着。根据这个“自发性原理”，如果不考虑与学习内容相呼应的感觉、发展、比较、判断、推理、思考和评估能力等受教育者方面的主体因素，教学就不可能成立。①

也就是说，班级中的课堂教学是无法直接对学生产生影响，无法直接进入每一个学生的知识结构之中的。它们必须经由学生个体心理的加工才能进入至学生的认知结构之中，进而影响学生的认知和行为。在此意义上，杜威（John Dewey）认为思考为学习方法的本质。

作为课堂教学的要素，学生不仅是一个拥有个性特征的个体性存在，还是一个拥有社会特征的社会性存在。吴康宁认为：

> 学生是一种独特的社会存在。学生既非不承担任何社会义务的婴幼儿，也非以职业劳动而与社会进行交换的成人，学生是介于婴幼儿与成人之间的“半”社会成员。这一社会属性导致学生在相当程度上带有“边缘人”（marginal man）的特征。②

具体而言，作为边缘人，班级学生归属于三种社会群体：家庭、学校和同辈群体。家庭是学生最为原初的归属群体，这是学生无法自主选择的，同时也是无法摆脱的。在家庭中，维系成员的主要纽带是情感，而非学业成就。很大程度上，家庭中的教育并非有计划、

---

① [日]片冈德雄. 班级社会学[M]. 贺晓星，译. 北京：北京教育出版社，1993：52–53.

② 吴康宁. 教育社会学[M]. 北京：人民教育出版社，2019：257.

有目的的，家长也不是教育专家。确切地说，家庭中的教育是融于生活之中的，是一种“生活化了的影响”。不过，家庭对学生的影响却是不可忽略的。除了基本的生活和社交习惯外，家庭还会对学生实施以下四个方面的价值养成：

第一，在学会母语并获得交流思想的方法的基础上，学习该社会的基本见解、观点、感受的方法，亦即文化的核心。

第二，主要通过同母亲的关系，学习爱的感情，亦即不只是被动地接受爱，而是学会能动地爱。

第三，主要通过同父亲的关系，掌握权威感，借以形成良心，培养其对卓越成就的崇敬之念。

第四，通过母爱与父威，在行为与精神方面一步步地获得不易达到的自立，最终实现自律这一价值的内化。[①]

毫无疑问，这是一种理想的家庭教育。现实中，很多家庭的教育职能并未得到充分的发挥。但是，无法否认的是，家庭确确实实在对学生的认知、行为习惯和价值等方面产生特定的影响。

与婴幼儿不同的是，学生并非完全处于家庭之中，他们开始走出家庭，在家庭之外归属于某一个同辈群体。这是学生自己选择并组建的群体，群体成员具有进出的自由。在自由的交往互动中，学生同辈群体也表现出不同的形态，具有独特的群体规范和价值。一般情况下，群体成员对此规范和价值会表现出认可，并受其影响。对此问题，前文在“班级非正式群体的影响”部分（班级非正式群体是学生同辈群体的一部分）已经进行了详细的论述，这里便不再重复。

① [日]筑波大学教育学研究会，编．现代教育学基础[M].钟启泉，译．上海：上海教育出版社，2003：153.

最后，学生还归属于班级，这是一个以学业成就为中心的实力世界，学生的学业成就是教师关注的主要问题。课堂教学是学生提升学业成就的主要途径。学生在课堂教学中的学习效果，不仅仅取决于其自身的心理过程，还受影响于其在家庭和同辈群体中的社会化结果。甚至可以说，学生在课堂教学中的心理过程本身便会受到其在家庭和同辈群体中所习得价值和规范的影响。作为课堂教学活动的要素，学生的多重角色应是教师在教学决策和指导时需要考虑的问题。

三、教学内容

课堂教学是教师和学生之间的一种特殊互动。这种互动的特殊性之一便在于它是以教学内容为媒介的。没有教学内容，也就不存在教师的教和学生的学，也就不存在课堂教学活动。因此，教学内容也是课堂教学不可或缺的要素。在课堂教学活动中，教学的内容取决于课程的设置。课程规定了教师在课堂教学活动中教什么以及学生学什么。什么是课程？不同的学者对此有不同的界定。其中最为狭义和传统的界定是将课程视为课程表中的课，有人认为课程即教材或者教学科目，还有人将课程界定为“适当的知识”。在以上这些界定中，明显地存在着一种知识中心和教师中心的倾向。鉴于对课程定义中“知识中心”的反思和批判，又有一些学者提出课程是学生的学习经验，课程是教师和学生在互动过程中的“自然创造”，课程是学生实现内省和发展的手段，等等。从词源来看，课程的英文“curriculum”的拉丁文词源是“currere”，它的名词形式的意思是“跑道”，而其动词形式的意思则是“奔跑”。根据这两个层面的含义，现有关于课程的充满分歧的定义可以大致归为两类：以教师为中心的定型课程和以学生为中心的不定型课程。前者取“currere”

的“跑道”之义，指的是教师或者课程编制者事先为学生所设定好的学习内容和学习历程；后者取“currere”的“奔跑”之义，将课程界定为学生的学习过程以及在此过程中所获得的学习经验。可见，对课程的不同界定背后存在的是教育观、教师观和学生观的分歧。这些观念不仅会影响教师对课程的认识，还会影响教学内容的选择、组织及指导方式，从而对班级中的课堂教学产生影响。

就本质而言，教学内容是一种“法定文化”，它具有社会本质。“社会期待学生所学习的各种知识、技能及价值观念等基本上都反映在教学内容之中。”[①] 吴康宁对作为“法定文化”的教学内容的“筛选”和“加工”历程进行了论述：

> 教学内容是一种特殊的知识，其特殊性在于它是现存知识总体中经过“社会筛选”与“社会加工”而构成的部分。任何国家都存在着对现存知识总体进行“社会筛选”与“社会加工”，从而构成学校教学内容的过程。在这一过程中，起决定作用的是社会中占主导（支配）地位的价值观。……一项知识无论对促进社会发展有何价值……要想成为学校教学内容的组成部分，都必然要经过社会主导价值观的“过滤”。[②]

基于教学内容的“筛选”和“加工”，我们可以看出教学内容的社会控制意图。因此，吴康宁强调：教学内容是社会控制的中介。

经过筛选和加工后，进入教学内容的那些知识体系是具有其客观特性的，构成课堂教学的客观基础。在班级的课堂教学中，教学

① 吴康宁 . 对教学内容的若干社会学分析 [J]. 教育评论，1993（4）.

② 同上 .

内容一般而言是以学科或科目进行划分的，例如数学、语文、英语等。每一个科目都具有自身独特的思维方式和知识结构，是一个内在统整的知识体系。因此，每一个科目都有与其相适合的教学方式。片冈德雄指出：

> 不管是陶冶内容还是陶冶过程，都是由作为母体的各种客观科学（而不是主观科学的心理学）来奠定基础的。这一观点对于实际教育工作者来说，可以说是一目了然的事。音乐的教学形式、过程和数学教学形式、过程大不相同，这正是由于音乐的学习内容结构与数学的大相径庭之故。[①]

教师在课堂教学的过程中，除了要考量学生的心理和社会特点，还不能忽视的便是所教科目的知识结构特征。它也是教师选择教学组织形式、教学工具，组织教学过程以及师生互动形式的重要根据。

四、人际关系

学生、教师和教学内容三者构成了课堂教学的核心要素，它们一起组成了“教学论三角形”。有教育学者以此三者间的关系来界定课堂教学：

> 教学，是在教材、教师和儿童这三者的互动关系中成立的。就是说，教学要在——教材具有的本质和矛盾；教师具有的人格力量和教师追求的目标；儿童的思考、感受、想法——这三者的互动关系中才能成立。进一步地说，只有在教材的质、教师的问、

① ［日］片冈德雄. 班级社会学 [M]. 贺晓星，译. 北京：北京教育出版社，1993：52.

> 儿童的思这三者之间的关系中，鲜明的生动的教学才有可能创造出来。①

然而，教材、教师和儿童三者之间的互动关系要能够建立，或者“教学论三角形”要能够运转，还需要借助一个要素：师生和生生间的人际关系。不同于教材、教师和儿童的可见性，人际关系是课堂教学中“看不见、摸不着”的要素，因而也常常容易被忽视，被排除在传统的“教学论三角形”之外。事实上，人际关系不仅是课堂教学中客观的现实性存在，而且是课堂教学的本质性特征。班级中的课堂教学，从本质上而言就是由教师和学生以及学生和学生所组建起来的互动网络。只有经过这一网络，教学内容才能进入学生的认知结构之中，成为其中的一部分，并对学生的认识和行为产生影响。片冈德雄将人际关系视为作为社会现象的教育和教学的关键，他论述道：

> 展开教学活动的教室，乃是一张由教育者（教师）和受教育者（学生）之间的人际关系以及学生自身之间人际关系交织而成的网络，如果不持有这种观点，就会失去把第一因素的学习内容融化进第二因素的学习主体中去的方法和手段。把学习和教育当作一种社会现象来看的话，人际关系乃是一个关键。②

从本质上而言，教育教学是一种社会性的互动关系，离开互动，教育教学无法展开，也无法存在。片冈德雄认为，在班级教学中占

---

① ［日］筑波大学教育学研究会，编．现代教育学基础 [M]. 钟启泉，译．上海：上海教育出版社，2003：281.

② ［日］片冈德雄．班级社会学 [M]. 贺晓星，译．北京：北京教育出版社，1993：52.

如此重要地位的人际关系之所以被忽视，其原因在于社会心理学较个体心理学的滞后性，使得教学理论一直受个体心理学的影响而走向了对教学活动的分解性理解，无法实现基于人际关系层面的综合性理解。这就导致了对课堂教学的理解一直摇摆于儿童中心主义和教师中心主义之间。对此，片冈德雄指出：

> 虽然教育心理学应该处于个人心理学和社会心理学两者之上，但由于社会心理学要比个人心理学发展得缓慢，所以也带来了教育学方面的偏颇，至今没有一整套的教学集体化过程的科学研究体系。因此，忽视了人际关系的旧的教学论，并不是以二元一体论的观点去重视教学中的施教者和受教育者的关系的，而只是从单元素论的角度去探讨施教者或受教育者的任何一方。这样它就自然而然地带上了片面性的色彩，或是陷入儿童中心主义，或是成为教师中心主义。①

要理解课堂教学中的人际关系过程及运作机制，需要我们走出个体中心的价值观念，在“关系性”的思维中认识教育教学的过程，从“对话”的立场来理解学生在课堂教学过程中的学习。正如佐藤学所言：

> “对话学习”是通过同他人的沟通行为，展开探究对象意义的行为。在“对话学习”中，同对象与他人的对话本身是一种学习的行为，学习被理解为在沟通的过程之中。“对话学习”不是

① ［日］片冈德雄．班级社会学 [M]. 贺晓星，译．北京：北京教育出版社，1993：53–54.

把习得知识视为个人的掌握和独吞，而是人们一起共享知识，知识是公开的和开放的。学习的实践被界定为通过沟通参与文化公共圈的营生。①

在我国教育教学的研究中，也有学者提出了教师和学生之间的主体间性，试图打破教师和学生之间的二元对立关系。但是，他们也只是在教育哲学层面进行探讨。在实际的课堂教学中，师生及生生间的人际关系的运作机制还需社会心理学方面的研究。

第二节　课堂教学中的互动

仅仅停留于对教学各要素的分析性认识还不足以理解课堂教学活动，因为它并非这些要素的“组装”，而是教师和学生以及学生和学生之间以教学内容为媒介所进行的互动。这是一个复杂的、动态的关系系统。只有深入其中，认识了这一系统的运作过程及机制，我们才能更好地认识班级中的课堂教学活动。

一、互动的过程

所谓教学活动，就是教师的教和学生的学之间的互动。这种互动过程也就是教师和学生以及学生和学生之间的人际关系形成过程，即“集体化过程”。片冈德雄认为集体化过程是“一种把个人对集体生活的输入（投资）变成特定的输出（成果）这样一种‘输入—输出系统’”。（见图 5-1）

① [日]佐藤学.学习的快乐——走向对话[M].钟启泉，译.北京：教育科学出版社，2004：10–11.

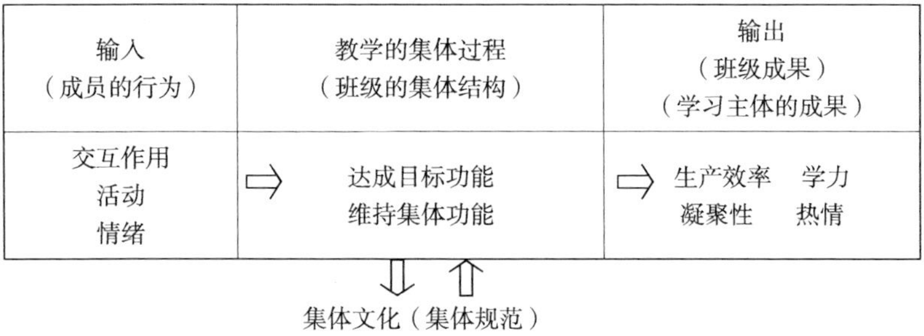

图 5-1　教学的输入和输出[①]

从图 5-1 中可见，教学活动作为一种“输入—输出”系统，是将师生的交互作用、活动和情绪，投入班级的集体结构（包括达成目标功能和维持集体功能）中去。经过教学的集体化过程，输出“生产效率—凝聚性”和“学力—热情”两个方面的结果。从输入部分来看，它包含了师生的活动，可以分为以下三种：

（1）达成集体目标的活动。提供和接受与教学学习内容有关的情报信息和意见，探讨方法、手段和寻求答案。

（2）维持集体的活动。在教学活动中积极鼓励学生，调节学生与学生之间的人际关系，管理整个班级。

（3）个人的消极活动。在课堂上，打扰、妨碍他人或是哗众取宠，或是一个人搞小动作。[②]

在师生活动中，学生和教师并非毫无情绪的主体，他们各自有着不同的欲望和需求。在各自不同的欲望和需求之下，教师和学生

① ［日］片冈德雄．班级社会学 [M]. 贺晓星，译．北京：北京教育出版社，1993：57.
② 同上，60.

在课堂教学中从事着不同的活动。片冈德雄把学生的欲望和需求分为以下几类：

（1）求知欲望。愿意理解自身周围的事物和观念世界。

（2）社会或集体的归属欲望。参加到集体中，希望被别人承认，希望得到一定的地位和受到尊敬，愿意表现自己并被他人理解。

（3）感情方面的欲望。寻求爱情，依靠或者追求孤独等等。①

对于教师来说，这些需求和欲望也同样存在。此外，在课堂教学中，教师和学生并非带着各自的需求和欲望相互孤立地进行着各自的学习活动。事实上，在班级的学习活动中，教师和学生或者学生和学生之间一定会发生某种非正规的互动。师生以及生生之间的这种交互作用也是教学过程中输入部分的重要内容。当把班级成员的交互作用、活动和情绪输入班级的集体结构之中，课堂教学会对其形成集体化的作用，使其按照班级组织的要求运行。片冈德雄将这一过程描述为：

上面所谈到的“活动”和“心情”问题，应该说只是对某个人，或是从某个人而来的“活动”和“心情”的问题。而教学活动的集体化过程和班级集体的结构却是主要表现在有计划地将作为一种输入的学生们的自发的或非正规性的交互作用组织起来这一点上。②

① ［日］片冈德雄．班级社会学［M］．贺晓星，译．北京：北京教育出版社，1993：60.
② 同上，60–61.

在课堂教学的集体化过程中，班级的集体结构要将师生的交互作用、活动和情绪组织起来，需要发挥班级这种特殊社会系统的两种功能：达成目标的功能和维持集体的功能。这就涉及教学过程中教师的组织统筹和指导性发挥的问题。在课堂教学的过程中，教师如何利用各种教学资源、选择恰当的教学组织形式、调节师生及生生之间的人际关系以及建立班级成员集体共享的价值等，成为班集体发挥其目标达成功能和维持集体功能的重要问题。同时，在班级教学的集体化过程中，班级集体会形成“集体文化”，这种“集体文化”既是班级教学活动的产物，也是班级教学活动的制约因素。经过教学集体化过程的作用，班级教学活动会输出教学的结果。片冈德雄对这一结果从两个方面进行了说明：班级集体层次的结果和学习主体个人层次的结果。其中，班级集体层次的结果可以分为“生产效率”和“凝聚性”，学习主体个人层次的结果可以分为“学力”和“热情”。这里“生产效率”和“学力”都是和学习内容有关的输出结果。生产效率是班级整体的学力，但并非仅是每一个学生学力的算术和或者平均数。片冈德雄指出：“A 班和 B 班的学生各人学力的平均值即便相同，它们的生产效率也有很大的差别。”[①] 班级的“生产效率”除了受影响于学生的学力之和，还同时受影响于班级中学生学力之间的差异，是班级整体“学力”的反映。此外，“凝聚性”和“热情”都是和维持班级集体相关的结果。其中，“凝聚性”指的是班级集体的团结程度，而“热情”指的是学生学习动机的高低或者学习的勤奋程度。在片冈德雄看来，学生的“热情”受班集体的凝聚性和个人的学习所规定。具体而言，“在教学活动中，高扬的热情产生于个人所有的高学力和班级的高凝聚性中，而低沉

① ［日］片冈德雄．班级社会学 [M]. 贺晓星，译．北京：北京教育出版社，1993：61.

的热情则产生于个人的低学力和班级的低凝聚性”①。与此同时，班集体的“凝聚性”不仅影响学生的“热情”，它还会影响班级的“生产效率”。对此，片冈德雄通过分析总结道：

> 总的来说，在教学活动中，只要班级的集体规范能支持教师对学生学习提出的要求，作为集体层次成果的凝聚性和生产效率就会处在正的相关关系，或者是与正相关相近的曲线关系上。②

由此可知，在班级教学的互动过程中，增强班级的凝聚性不仅对维持班集体很重要，同时也关系到班集体的生产效率和学生的学力，它和学生的学习效果之间是密切相关的。

二、互动的影响因素

从课堂教学的“输入—输出”过程来看，提升教学“输出”是最终的落脚点，也是课堂教学的根本追求。很大程度上，这决定于教学的集体化过程，也即课堂教学活动中师生互动的效果。哪些因素影响课堂教学过程中的师生互动呢？对于这个问题，研究者们习惯从教师的维度，如教师的讲授、教师的提问、教师的反馈等，来寻求影响师生互动效果的因素。在他们看来，教育似乎发生于教师的讲授、提问以及对学生提问的反馈中。他们将这些视为学生学习的先行变量，努力寻求教师行为变量和学生学习之间的相关关系。对于这种研究取向，伊丽莎白 · G. 科恩（Elizabeth G. Cohen）批判道：“这种寻求如何才能实现有效教学的一系列主张是无效的，因为它

① ［日］片冈德雄 . 班级社会学 [M]. 贺晓星，译 . 北京：北京教育出版社，1993：62.
② 同上，64.

们仅仅停留于教师—学生话语以及个体学习的变量层面，在本质上，它仅仅是一个归纳性的而非理论性的研究操作。”①

课堂教学并非教师和学生一对一的对话和交流，而是一位教师同时面向多个学生的互动。并且，这种“一对多”的互动不是“一对一”互动的叠加，无法还原为“一对一”的互动。在班级教学的过程中，每一个学生都是不同的，对于教师的教学会有不同的反应。假设有一位教师，他拥有很强的教学能力，他能够很好地向学生解释教学内容，他很擅长提问并且能够引导学生提出问题，等等。在一些研究者看来，在这位教师的教学中，学生能够有效地学习。然而，他们忽视了班级中学生的差异。面对这样一位教师的教学，有的学生可能并不倾听教师的讲授和解释，他们也不举手提问，也不参与至师生的交流互动之中，总之一直游离于课堂教学之外；有的学生可能恰恰相反，他们认真听教师的讲授，积极提问并能够和教师进行直接的交流和互动。概言之，对于教师同样的教学，不同学生的参与度是不同的，因此也会有不同的互动效果或教学效果。在班级中，不同学生的参与度形成了该班级的内在“结构”，影响着师生之间的互动以及教师教学的效果。

从社会学的视角来看，班级是一个复杂的社会系统。用一种单向的归因模式来认识班级，例如用教师说了什么、他们所提的问题是什么、他们如何解释以及他们如何使用教材等来解释教师对学生的影响，这是有问题的。伊丽莎白 · G. 科恩提出：“将班级作为复杂社会系统的众多研究表明，原因与结果可以多方向运行。学生可以影响教师，这反过来也会影响学生的学习。学生之间也会相互影响，

---

① Elizabeth G. Cohen. Sociology and the Classroom: Setting the Conditions for Teacher-Student Interaction [J]. Review of Educational Research, 1972, 42.

班级的非正式社会结构会导致教师区别对待不同学生。”①

班级，作为一个复杂的社会系统，其本身的结构会对师生互动以及教师的教学效果产生影响。在班级中，不同的学生由于不同的特征会处于不同的位置。因此，班级内部便包含了各种不同的等级系统。在特定的情境下，这些等级系统或者说学生在这些等级系统中所处的地位便影响师生之间的互动，并且这些影响是非常隐蔽的。有学者认为，学生在等级系统中的地位会影响他们在教学活动中的参与度，从而影响师生之间的互动。也有学者认为，学生在班级等级系统中的位置会影响他们在任务完成过程中的自我期待，从而影响学生在教学活动过程中的师生互动。

伊丽莎白・G. 科恩认为班级中的等级系统有不同的基础，从而形成了不同类型的等级系统。她将班级中的等级系统分为三种类型：社会等级系统、人际等级系统和成就等级系统。社会等级系统建立于学生的社会身份特征之上，如性别、社会阶层或种族等。人际等级系统建立于学生的人际身份之上，它反映的是学生被其他学生喜欢的程度。一些学生被更多的学生喜欢，那么他们在班级中的人际等级系统中便处于较高的地位；而另一些学生则不被其他学生喜欢，他们在班级人际等级系统中所处的地位便较低。最后，成就等级系统是建立在学生的学业成就基础上的。在班级中，有的学生学业成就和学习能力更高一些，而有些学生则更低一些。班级中的这三种等级系统都会对师生互动产生影响，最终影响学生的学习或者课堂教学的有效性。

在班级的社会等级系统之中，学生的社会身份特征，如社会阶层和性别，都会影响学生在班级课堂教学中的参与度，两者之间具

① Elizabeth G. Cohen. Sociology and the Classroom: Setting the Conditions for Teacher-Student Interaction [J]. Review of Educational Research, 1972, 42.

有显著的相关关系。有研究表明，在课堂教学中，男性学生主动提问和发言的频率更高，而女性学生则相对较低。此外，家庭社会地位也会影响学生在课堂中的参与程度或活跃程度。具体而言，家庭社会地位较高的学生在课堂教学中表现得更为积极，他们也更多地被教师提问，受到教师更多的关注。与之相反，家庭社会地位较低的学生在课堂中则更为被动，他们被教师提问的次数更少，受到的关注也更少。最终，课堂教学的参与度将影响师生的互动。

班级的人际等级系统是学生根据自己的标准和价值进行人际选择而形成的班级非正式结构，它会影响师生的互动。有研究表明，学生对自己人际地位的认识会影响他们在课堂教学过程中的参与度，而这种影响的具体方向取决于学生的价值与班级主流价值的关系。当学生价值与班级主流价值一致时，学生在班级人际等级系统中的地位越高，他们越积极地参与课堂教学过程中的师生互动。当两者不一致时，在班级人际等级系统中地位越高，学生越少地参与师生互动。最终，这也会体现在他们的学业成就中。此外，教师与这一非正式结构的关系也会影响到师生之间的互动。波兰斯基（L. Polansky）在其研究中便发现了不同班级中教师和班级非正式结构的关系是不同的，那些教师支持学生非正式等级结构，能够区别对待此等级结构中地位高的学生和地位低的学生的班级拥有更好的社会氛围。与此类似，戈登（C. W. Gordon）发现相较于班级中不太受欢迎和不太积极的学生，教师通常更友好地对待那些在班级中更为知名的学生。这些研究结论证实了班级非正式结构或者班级的人际等级系统对师生互动的影响，但同时也展现了教师在无意识中提升了班级人际等级系统中处于更高地位学生的学业成绩。

在班级中，每个学生都有各自不同水平的学习能力与学业成就，这便形成了班级中的成就等级。这一成就等级系统也会影响师生之间的互动，而其重要的中介变量之一便是教师期望。也就是说，学生在班级成就等级系统中的位置会影响教师的期望，并通过此影响师生互动。布罗菲（J. E. Brophy）和古德（T. L. Good）在研究中发现：

那些被教师视为高成就的一年级学生在班级中更主动地和教师进行与学习相关的交往并为自己创造更多的回应机会。而且，教师在要求和强化品质表现时始终更为偏袒那些“高成就的”。那些“高成就的”在正确时更为经常地受到表扬，在不正确或者无法回答时更少地受到批评。相比较于“低成就的”，教师更执意于引导那些“高成就的”得到答案。当教师回应“低成就的”时，他们更倾向于提供答案或者提问其他学生。①

这一研究发现也在其他研究中得到了证实，班级中学生的成就等级系统会影响教师对不同学生的期待，教师因此会区别对待不同等级地位的学生，形成不同的师生互动过程。最终，这将影响学生的学业成就，进一步强化班级中的成就等级系统。

第三节　课堂教学的功能

课堂教学，作为班级社会系统的主要活动，拥有独特的功能。认识这些功能，既能更好地认识课堂教学，也能更好地理解班级作为一个特殊社会系统的运作过程。从课堂教学活动的“输入—输出”系统来看，它有两个方面的“输出”：与学习内容有关的和与集体维持相关的。对应而言，我们可以发现课堂教学两个方面的功能：学习内容的完成和班级集体的维持功能。但是，除此之外，还有一

① Elizabeth G. Cohen. Sociology and the Classroom: Setting the Conditions for Teacher-Student Interaction [J]. Review of Educational Research, 1972, 42.

个常常被忽视的功能，这就是课堂教学对于教师的功能。教师，作为学生学习的指导者以及教学活动的重要主体之一，理应也是课堂教学活动功能的重要方面。因此，本节主要从学习内容的完成、班集体的维持和教师的形塑三个方面来讨论课堂教学的功能。

一、学习内容的完成

学生完成学习内容，既是课堂教学的目标，同时也是其首要的功能。从教学的“输入—输出”系统来看，这也可谓课堂教学的目标达成功能。当然，这里的“学习内容”并非仅限于课堂教学的知识，而是宽泛意义上的“学习内容”，既包括知识技能的学习，同时也包括社会性能力的获得以及情感、态度的发展等。“课堂教学有其专门设置的成套文化知识、手段设施和特殊环境，是学生在教师指导下学习知识的高速高效的途径。”[①] 因此，课堂教学的首要任务便是实现知识的传递。或者说，课堂教学便是在特定的环境中，通过教师的指导，借助于特定的手段实现学生对特定知识内容的学习。然而，学生在课堂教学中不仅仅是获得知识，他们还是在班集体成员共同的互动中进行学习。在此互动过程中，他们理解了规范的意义和价值，学会顺利与他人进行社会交往，等等。概言之，在课堂教学过程中，学生的社会生活能力得以提升。此外，在课堂教学的过程中，“以知识学习活动为基础，学生在各个层面上（浅表的或内里的、初始的或继起的）都发生着以情感、意志、兴趣、爱好、态度、价值观、信念乃至整个人格为内容的同化、顺应和平衡化”[②]。也就是说，学生的情感、态度等非认知方面也会在课堂教学过程中

---

① 吴康宁，主编．课堂教学社会学 [M]. 南京：南京师范大学出版社，1999：300.

② 同上，301.

受到影响。综上，我们可以说，课堂教学的“学习内容的完成”功能可以进一步具体化为知识内容的学习、社会性能力的提升以及情感、态度的发展这三个主要方面。

课堂教学要实现其“学习内容的完成”功能，是需要一定的条件来支撑的。在本章第二节中，我们已经讨论了班级作为特殊的社会系统其内在“结构”对课堂教学过程中师生互动的影响，这也构成了课堂教学实现其“学习内容的完成”功能的重要环境，也会影响课堂教学能否实现此功能。这里，我们不再对此进行展开论述，而是转向课堂教学中师生间信息传递过程本身的特征，探讨其对课堂教学功能实现的影响。因为，课堂教学活动可以说就是师生间的信息传递，这一过程会影响学生在课堂教学中能否完成学习内容的学习。

从教师的信息传播过程来看，教师信息传播的特质无疑会影响课堂教学能否实现“学习内容的完成”功能。在对教师语言的分析中，弗兰德斯将教师的语言行为分为“起直接影响作用的教师的发言”和“起间接影响作用的教师的发言”。其中，起直接影响作用的教师的发言行为包括：

（1）传述知识和观点；（2）发布命令和指示；（3）为了改变学生的行为而对学生进行批判、责难；（4）将教师自己的地位和权威正当化。①

起间接影响作用的教师的发言行为包括：

（1）接受、赞同和明确学生的想法和感情；（2）表扬和鼓励；（3）为了让学生自主地参加到意见决定过程中来而适当地提问；（4）为促使学生投入到学习中和参加到讨论中来而适当地提问。②

---

① [日]片冈德雄．班级社会学[M]. 贺晓星，译．北京：北京教育出版社，1993：66.

② 同上．

教师在课堂教学中对两种语言的使用会影响“学习内容的完成”功能的实现。弗兰德斯发现，在教师起直接影响作用的发言多于起间接影响作用的发言的班级中，学生表现出以下方面的特征：

（1）对教师、班级、学习课题持肯定态度的较少；（2）自觉性和积极性不高；（3）对学习注意力不集中。[①]

但是，这一影响并非固定不变的。在某些场合中，起间接影响作用的发言和起直接影响作用的发言对“学习内容的完成”的效果是不同的。比如，当学习目标不明确的时候或者学习目标明确但学生不感兴趣的时候，起直接影响作用的发言则会限制学生的独立性，养成对教师的依赖性。

学生间的信息传播也会影响课堂教学实现其“学习内容的完成”功能。根据信息传播的形式差别，片冈德雄将学生间的信息传播分为两大类型：以两人以上的小集体为单位的信息传播（又称“小集体学习”）和个人对班级或教师对每个学生之间的信息传播（又称“大集体学习”）。他认为，在小集体学习中，学生之间主要是协同的关系；在大集体学习中，学生主要的关系是竞争的关系。它们两者虽然对课堂教学活动完成学习内容有影响，但不能明确地判断哪一种更有优势。片冈德雄指出：

> 教学过程中学生的协同型情报信息传播……在生产效率（学力）方面有些地方却并不能断定这种情报信息传播就比竞争性情报信息传播的教学效果要好。只有在协同取得比较成功的时候，学生的学力才能得到提高，才能回避班级集体的生产效率和学力的两极分化。[②]

---

① [日]片冈德雄.班级社会学[M].贺晓星，译.北京：北京教育出版社，1993：66.

② 同上，68.

协同性的信息传播要取得成功，有两个重要的决定因素：班级的凝聚力和学习内容的特性。从学习内容来说，这也就意味着并非所有内容都适合协同性的信息传播，在不同类型的内容的学习中，这两种信息传播类型具有不同的效果。

二、班集体的维持

竞争性的信息传播和协同性的信息传播虽然对教学活动中学习内容完成的影响不是很确定的，它有着一些限定的条件。但是，学生间的这两种信息传播类型对课堂教学的另一功能——班集体的维持——的影响却是明确的。虽说学生的学习是班级的重要目标，班集体建立的最初动机也在于指导学生的学习，而这也是课堂教学活动的首要功能。然而，班级作为一个特殊的社会组织，它有着维持自身存在的内在要求。这一要求的实现，在很大程度上需要依靠课堂教学，因为它是班级中的主要活动。因此，课堂教学不仅具有学习内容完成的功能，还有班集体维持的功能。在课堂教学的“输入—输出”系统中，在班级的“生产效率”和学生的“学力”外，班级的“凝聚性”和学生的“热情”也是重要的输出。

在班级中，课堂教学中师生之间的互动内容不仅仅限于学习内容，还有规范和价值等方面的内容。于创立之初，班级授课制本身便带有集体性特征，这使得课堂教学本身便带有共同性特征。“课堂教学系统中的软件（课程内容、教学方法等）和硬件（教学时空条件、教学物质设备、教学环境设置）的设置与安排常常是相同的，因而其自身也常常是同一的。作为课堂教学组织者、领导者和操作者的教师，相对于班级群体而言是共同的，其影响是平行的。”[①] 虽

① 吴康宁，主编 . 课堂教学社会学 [M]. 南京：南京师范大学出版社，1999：306.

然人们也强调课堂教学要关注学生的差异性，但追求标准化和共同性却是班级授课制或者班级中课堂教学的内在特质。在长期的课堂教学中，班级群体成员之间的互动会使得他们形成共同的情感纽带，他们会形成共享的行为规范，会拥有共同认可的价值观念。在此基础上，“学生之间会产生相互依存感，甚至会形成一些由某种归属需要而结成的小群体。在这种小群体内部，成员之间存在着相互理解、分享快乐、相互安慰、排遣郁闷等情感交流。课堂教学活动也因此而在实际上被学生作为进行群体感情联络与寻求群体感情依托的一种特殊的活动途径”①。这样，课堂教学在指导学生学习的同时，也形成了班级成员之间的团结，增强了班级的凝聚力，维持了班集体的存在。

课堂教学具有维持班集体的功能，但是这一功能的实现同样受教师的信息传播和学生的信息传播的影响。从教师的信息传播来看，虽然起直接影响作用的教师发言和起间接影响作用的教师发言对课堂教学完成学习内容功能的影响是不确定的，但它们对课堂教学的班集体维持功能的影响相对更为确定。片冈德雄指出：“我们可以得出这样的结果，即在教师起直接影响（作用）的发言量较多的课堂中，维持集体的功能得不到很好的发挥，所以表现在凝聚性和热情方面的教学成果也就比较低。”②这也就是说，教师过多的起直接影响作用的发言不利于学生形成对班级集体的归属感，而起间接影响作用的发言则更能增强学生的学习热情，提升他们对班级集体的认同，从而增强班级的凝聚力和团结度。

从学生的信息传播来看，协同性的信息传播更有利于提升班级

① 吴康宁，主编．课堂教学社会学 [M]. 南京：南京师范大学出版社，1999：309.

② ［日］片冈德雄．班级社会学 [M]. 贺晓星，译．北京：北京教育出版社，1993：66.

的凝聚力。协同性的信息传播对班级凝聚力的影响较其对完成学习内容的影响要更为明确。片冈德雄在其研究中进行了详细的论述：

> 教学过程中学生的竞争型情报信息传播往往会使班集体分裂成参加学习活动的和不参加学习活动的两部分。也就是说，会给班集体的凝聚性和学生的学习热情带来不好的影响，这一点，越到高年级就越显得明显，常常会出现只有学习好的同学热情高，而成绩不好的学生没有学习热情这种两极分化的现象。①

也就是说，协同性的信息传播更有利于课堂教学实现其集体维持的功能。总而言之，教师的信息传播和学生的信息传播都会影响课堂教学的班集体维持的功能。

三、教师的形塑

在班级中，教师的课堂教学不仅有助于学生的学习和班集体的维持，同时也作用于教师自己。课堂教学，作为教师职业的主要活动，对教师自身也存在着形塑作用。每个职业都有其模式来把多余成员排除出去，并使留下来的成员“成为”该职业群体的成员。对教师而言，教学活动使得教师能够“成为”教师，也即在教学活动中教师自身也实现着职业的社会化。吴康宁将这一过程称为教师的“继续职业社会化”，这一概念是相对于“预期职业社会化”而言的。预期职业社会化指的是个体为适应将要承担的职业角色而进行的准备性个体社会化，② 继续职业社会化则是个体在承担某种职业角色之后为了

---

① ［日］片冈德雄．班级社会学［M］．贺晓星，译．北京：北京教育出版社，1993：68.

② 吴康宁．教育社会学［M］．北京：人民教育出版社，2019：248.

更好地扮演角色而进行的社会化。[①] 从教师来说，由于我国教师一般都受过专门的师范教育或师范性教育，师范生的整个在校期间的学习和社会化便是其预期职业社会化过程。与此不同，教师的继续职业社会化便指的是教师进入学校任教后、在从教过程中所发生的社会化过程。教师继续职业社会化和预期职业社会化在发生动因上存在着根本的差别，吴康宁对此二者进行了比较，他指出：

> 从社会化动因来看，无论是师范院校的课程教师、实习学校的指导老师，还是实习班级的学生，对于师范院校的学生来说都只是短期的、无利害关系的交往对象，他们一般不会对这些未来教师产生“生存竞争”意义上的职业社会化压力；而在继续职业社会化阶段，教师所在学校的校长、同事、学生乃至学生家长相对来说都是教师的较为长期的、互存利害关系的交往对象，他们的行为都有可能对教师的职业社会化产生实质性的决定性的推动作用或阻碍作用。[②]

与此同时，教师继续职业社会化相对于预期职业社会化的优势已经得到较多实证研究的证明。吴康宁介绍道：

> 国外已有实证研究表明：教师任教数月后，其态度与任教学校同事的相似性便已大于与其受教学校的相似性；任教学校显然是比受教学校更具重要影响的教师职业社会化机构，任教学校的校长、同事及学生都是教师职业社会化的重要影响因素，教师群

---

① 吴康宁 . 教育社会学 [M]. 北京：人民教育出版社，2019：251.
② 同上，252—253.

> 体的职业亚文化（professional sub-culture）与教师的职业社会化之间具有密切的关系。[①]

教师的继续职业社会化是一个复杂的过程，内部存在着众多复杂因素的相互纠缠。然而，在这些影响因素之中，课堂教学无疑是一个极为关键的因素。也就是说，当新任教师从师范院校进入从教学校，开始其职业生涯后，课堂教学便是其继续职业社会化的重要途径。课堂教学将教师应有的品质烙于教师身上，使教师具备作为教师应有的品质。换言之，课堂教学的重要效果之一便是将教师塑造成为教师，使教师成为教师。威拉德·沃勒表示："无疑，教学留下的标记并非比其他一些职业更明显，但这一标记却是大多数人都能识别的。"[②]也即，课堂教学将教师应具有的认知、技能、态度和价值观等烙于教师的身上，成为教师的内在品质。在课堂教学的过程中，通过与学生、其他教师、学校管理人员以及学生家长的互动，教师会不断调整自己对教学的认识，理解教师所应承担的角色、应有的知识和技能、态度和价值以及应如何行动。这一认识会对教师产生影响，教师在此影响的推动下会不断提升自己，逐渐具备教师所应有的教学能力、价值和态度以及行为方式。这样，教师也随之实现了继续职业社会化，从学校教师群体的边缘走向中心，成为一名成熟型的教师。

---

① 吴康宁 . 教育社会学 [M]. 北京：人民教育出版社，2019：253.

② Willard Waller. The Sociology of Teaching [M]. Hoboken, NJ, US: John Wiley & Sons Inc., 1932.

第六章

班级中的角色与人际关系

班级，正如一个小社会，所有成员都处于特定的位置之上，扮演着特定的角色。莎士比亚《人间喜剧》（又名《皆大欢喜》）中有这样的台词："世界是一个舞台，所有的男人女人不过是一些演员，他们都有上场的时候，也有下场的时候，一个人一生扮演着许多角色。"可以说，这也是对班级社会生活场景的生动描述。何谓角色？威拉德·沃勒这样定义道："角色就是事实上或者想象中反映在个人之中的社会态度。"在班级中，所有成员都基于对自身所处位置及相关社会态度的认识扮演各自的角色。在角色扮演的过程中，作为个体的学生和教师与班级组织结构或更大的社会结构得以联系起来，使得他们能够在结构中行动，并通过行动影响结构。也正是在角色扮演的过程中，班级中的个体之间联系起来，互动关系得以形成。在此意义上，乔纳森·特纳（Jonathan H. Turner）表示：互动就是角色领会和角色建构……互动就成了角色领会和角色扮演过程的连接点。[1] 这样，通过角色扮演，班级成员之间的人际关系网络得以建立，

① [美]乔纳森·H. 特纳. 社会学理论的结构（第7版）[M]. 邱泽奇，张茂元，等译. 北京：华夏出版社，2006：363.

角色便是这张网络中的各个“节点”。因此，运用角色理论分析班级组织中的各种角色及人际关系，是理解班级微观结构和过程的必经之路。

第一节　班级中教师的角色

教师，作为班级教育活动的领导者，是班级重要的参与主体。一直以来，教师都被视为“社会代表者”，社会及大众对其寄予厚望。然而，在此高期待之下，人们对教师角色的理解是模糊而混乱的，家长、学校、学生以及教师自身对教师的期待存在着很大的差别。“教书匠”“蜡烛”“春蚕”“传道受业解惑者”“特殊职业”等称呼便是这些差别的反映。对教师角色认识的差别无法为班级中教师的行动提供清晰而稳定的规范，导致了教师的角色冲突和紧张，为他们的角色扮演带来了很大的障碍。这样说来，班级中教师的角色应是教育社会学研究的重要主题。

一、教师角色的类型

在班级中，教师扮演了哪些角色呢？我国台湾学者林生传指出，教师至少扮演五种角色：传道者的角色、授业者的角色、选择者的角色、辅导者的角色及协商统合者的角色。[①] 吴康宁根据角色功能与课堂教学任务的联系，将教师在课堂教学中的角色划分为“正式角色”和“非正式角色”。其中，教师正式角色指的是为完成课堂教学的任务而明确规定的教师所应承担的角色，同时教师和其他人都清楚地知道其在课堂教学中的职责与权利。它包括：学习动机激发

① 吴康宁．教育社会学 [M]. 北京：人民教育出版社，2019：202.

者、学习资源指导者、教学过程组织者、课堂行为与学习效果评价者等。[①]教师的非正式角色指的是教师在课堂教学中自觉或不自觉地扮演的无明确依据的那些角色，如教育知识分配者、学生交往控制者、课堂气氛营造者、社会标签张贴者等。[②]这里，我们无意于深入分析教师所承担的每一种具体角色，而只是关注教师的核心角色：社会代表者。在社会代表者这一角色内部，教师在哪些方面代表社会呢？从教育的两大主要功能来看，教师承担有两大任务：指导学生学习和助力学生性格养成。因此，就社会代表者角色而言，教师更为具体地扮演着学生学习指导者和性格培养者两种角色。美国社会学者吉恩·D. 格兰布斯（Jean D. Grambs）在讨论教师角色时，便将教师的角色分为两大类："作为教学指导者的教师"和"作为文化传播者的教师"。前者包括所有与作为一种活动或一种过程的教学有关的那些活动和概念；后者与教师职业的公共性有关，与作为文化延续的一个方面的、维系着社会的教学有关。[③]

作为学生学习的指导者，教师首先是一个知识的拥有者。这不仅体现在量上，要求教师拥有较之学生更多的知识；更体现在质上，即教师是知识的"守门人"。在班级的学习过程中，学生所学习的主要内容都是经由教师的筛选和过滤的。对此，格兰布斯指出：

教师是个守门人。他决定哪些信息和技能是重要的，并据此来选择那些传授给学生的项目。教师所具备的社会、儿童与教材等方面的知识，为他在教室里的耕耘探索提供了一个重要的条件。[④]

---

① 吴康宁，等 . 课堂教学中的角色类别及其主要特征 [J]. 南京师大学报（社会科学版），1993（3）.

② 同①.

③ [美] 吉恩·D. 格兰布斯 . 教师的角色 // 厉以贤，主编 . 西方教育社会学文集 [M]. 台北：五南图书出版社 1992：629–649.

④ 同③.

作为学生学习的指导者，教师还需要为学生提供良好的学习秩序，因此教师需要承担纪律维持者的角色。与此同时，当学生在学习过程中遇到困难时，他们将教师视为帮助者。因此，教师需要扮演学生学习帮助者的角色，不仅需要具备有关学科的知识，同时还要掌握“如何指导学生”的知识。最后，教师还是学生学习效果的评价者。作为学生学习的指导者，教师需要根据教育目标对班级中学生的学习成果进行评价，并以此作为指导学生接下来学习的重要依据和参考。

学生的学习无疑是教育的重要功用，却并不是教育活动的唯一追求。除了指导学生对知识的学习，教师在教育过程中还有一项同样重要的工作：实现学生的性格养成。也就是说，在班级中教师除了扮演学生学习的指导者，还扮演学生性格培养者的角色。作为学生性格的培养者，教师需要在道德和文化层面成为社会代表者，代表社会要求将主流的道德规范和文化内容融入学生的观念之中。这也就要求教师在道德和文化层面能够成为“青年的楷模”，对他们的道德和文化修养提出了较其他职业更高的要求。格兰布斯也指出了家长对于教师作为“青年的楷模”的角色的期待：

教师同青年人持续不断的联系，迫使社区要求教师发挥楷模的作用。家长的愿望是，教师能称职地担任这一角色。家长实际上也已经鼓励青年人要以教师而不是其他成年人作为自己的楷模。①

不过，并非仅有家长对教师抱有这一角色期望，可以说，这也是整个社会对教师的期待。教师成为“青年的楷模”，这是其成功扮演学生性格培养者的前提条件。

---

① [美] 吉恩·D. 格兰布斯 . 教师的角色 // 厉以贤，主编 . 西方教育社会学文集 [M]. 台北：五南图书出版社 1992：629-649.

二、教师角色的领会

从社会代表者来看，教师在班级中扮演的是学生学习指导者和性格培养者的角色。但这两个角色是社会或者制度对教师角色的外部规定，而非教师在班级教育教学活动中实际所扮演的角色。也可以说，每一个教师都拥有独特的“心智”和“自我”，能够具备想象性预演的能力。乔治·赫伯特·米德（George Herbert Mead）在分析人的心智能力时，指出人具有“想象性预演”的能力。这主要表现在以下三个方面：（1）用符号来表示环境中的客体；（2）悄悄预演针对这些客体可选择的行动方案；（3）抑制不适当的行动方案，选择一种公开行动的合适路线。①这种想象性预演能力不仅有助于个体处理和自然环境中客体的关系，也适用于个体处理与社会成员的关系。或者说，具备想象性预演能力，个体能够对社会“常规姿态”进行理解，并采取适当的行动。什么是常规姿态？米德将其界定为行动者之间的互动所产生的对于客体的一致性意义理解。“一个姿态指涉同一客观事物，并在互动中对交往各方而言具有同一意思。”②米德把这种具有共同意义的姿态称作“常规姿态”。个体能够理解“常规姿态”，也就意味着个体能够更好地理解交流对象的愿望、需求和行动意义，从而能够更好地选择行动方案。具备想象性预演能力，除了能够预演他人的反应外，还能够将自我客体化，从而更好地理解自己在社会中的角色。也就是说，想象性预演能力使个人具备了“角色领会”的能力，是个体“社会自我概念”形成的内在动力。具备“角色领会”能力，个体能够根据社会“共有态度”理解自己的社会角

① [美]乔纳森·H.特纳.社会学理论的结构（第7版）[M].邱泽奇，张茂元，等译.北京：华夏出版社，2006：327.

② 同上，328.

色并做出恰当的行动。

角色领会是交往互动论中的一个重要概念。简而言之，它指的是在人们的交往和互动过程中，个体对他人姿态（或者说角色期待）的解读和解释。阿诺德·罗斯（Arnold Rose）指出，角色领会“意味着个体交往者在其内心深处想象着接收者是如何理解交往的”[①]。谢尔顿·斯特赖克（Sheldon Stryker）认为，角色领会是“对某种社会行为中他人的反应进行揣度”[②]。也就是说，当个体扮演社会赋予的某个角色时，他需要揣度交往对象对于这一角色的期待，并努力按照这一期待来行动。因此，米德指出了角色领会的结果：

> 角色领会的直接后果在于，个体能够因能完全预演自己的作反应而实现自我控制。协作过程中个体行为的控制可以发生在个体自身的活动中，只要个体能体味而理解他人的角色。通过体味而理解他人角色来实现的个体对自身反应的控制，使人们认识到，在群体中，因行为组织化而实现交流的价值。[③]

这也就是说，如果没有个体的角色领悟能力和想象性预演能力，社会成员之间的交往是无法实现的，他们无法实现行动的协调一致。

对于教师在班级中的角色扮演来说，角色领会也有着重要的作

① [美]乔纳森·H. 特纳．社会学理论的结构（第7版）[M]. 邱泽奇，张茂元，等译．北京：华夏出版社，2006：334.

② 同上，334.

③ George Herbert Mead. Mind, Self, and Society. 254//[美]乔纳森·H. 特纳．社会学理论的结构（第7版）[M]. 邱泽奇，张茂元，等译．北京：华夏出版社，2006：329.

用。上文所说的学生学习指导者和学生性格培养者，都是对教师角色的制度化规定。这种制度化的角色期待并不能通过外部机械地强加成为教师行动的指导，它要发挥作用必须借助教师的“心智”和“社会自我”，需要通过教师的角色领悟。具体而言，在班级中，教师需要运用想象性预演能力，去揣度学生、家长以及其他教师对于学生学习指导者和学生性格培养者两个角色的期待，努力根据这些角色期待来采取行动。在此基础上，教师又会根据学生、家长和其他教师的反应不断调整自己的认知并修正自己的行为。最终，教师和家长、学生以及其他教师之间达成了行动的协调一致，教师也成功地扮演了这两个核心的角色。

在教师通过角色领悟进行角色扮演的过程中，对教师角色的制度化规定就不再是外在于教师的，而进入了教师的认知之中。在此过程中，社会对教师角色的制度化规定也得以固定并维持。但在此过程中，社会对教师角色的制度化规定也会潜在地发生微小的变化。因为教师在运用自己的心智能力进行想象性预演的过程中，或者说在角色领会的过程中，个体具有能够调整的可能性和空间。这也就是说，对教师角色的制度化规定对于教师来说并非完全僵硬的压制，教师个体能够通过自己的“心智”和“自我”在班级互动过程中实现对角色的制度化规定的重新建构。对于个体在角色扮演过程中的能动性，米德强调：

> 这样，社会制度是群体或社会活动的组织形式：社会成员这样被组织起来，是为了更好地社会性地采取行动——通过采纳他人对这些行动的态度来实现……（但）这里并没有充分的、无可辩驳的理论说明，为什么社会制度必然是压制性的或僵硬保守的，或为什么不应该是（而许多社会制度实际却是的那样）灵活的、

进步的和有利于而不是抑制个性发展的。[①]

显然，这一论断也适用于教师角色扮演的过程。通过角色领会，教师既维持了对教师角色的制度化规定，同时也在对其进行着重构和改变。

三、教师的角色冲突

在班级中，教师除了扮演以学生学习指导者和性格培养者为核心内容的社会代表者角色，同时还扮演着其他的角色。在结构角色理论看来，“社会是一个由各种各样的相互联系的位置（position）或地位组成的网络，个体在这个系统中扮演各自的角色，对每一种、每一群、每一类地位，都能区分出各种不同的有关如何承担义务的期望。地位网络决定了个体面临的绝非单一的角色，而是角色丛（role sets），个体所体验到的角色丛的实质为复数的角色期待”[②]。也就是说，教师并非扮演单一的角色，而是同时或者相继扮演多种角色。这些角色及社会对它们的期待并非总是相互协调一致的。在特定情况下，教师在班级中所扮演的不同角色之间以及不同主体对教师同一角色的不同期待之间是存在分歧和冲突的。这就给教师带来了角色的紧张和冲突，使其陷入角色扮演的困境之中。

那么，教师会面临哪些角色冲突呢？有学者认为，教师除了是学校的教师外，还是孩子的家长以及家庭中的配偶等。这些角色之间在特殊情况之下会形成冲突。不过，这些角色冲突并非教师在班

① George Herbert Mead. Mind, Self, and Society. 261–262//[美]乔纳森·H. 特纳. 社会学理论的结构（第7版）[M]. 邱泽奇，张茂元，等译. 北京：华夏出版社，2006：330.

② 吴康宁，主编. 课堂教学社会学 [M]. 南京：南京师范大学出版社，1999：63.

级中所面临的，它们是教师学校内外不同角色之间的冲突。虽然说教师校外角色及期待会影响班级中角色的扮演，但这里我们主要讨论教师在班级中所面临的角色冲突。在班级之中，教师主要扮演两种角色：第一，社会代表者，具体而言主要包括学生学习指导者和性格培养者；第二，同事。这是教师在班级中所扮演的双重角色。这两种角色具有不同的特征。

吴康宁指出：社会代表者这一角色的基本特征是“社会规范性”。它“迫使”教师不仅必须向学生示明何谓符合社会要求的文化（包括信念、价值观、态度及行为方式等），而且其自身首先就必须成为这些特定文化的范型，以保证对学生进行有效的文化引导与文化熏陶……教师在扮演社会代表者角色时更多奉行的是不平等原则。同事这一角色的基本特征是“个人独立性”。它要求教师时刻牢记此时的交往对象是与自己承担同一社会责任、享有同样社会权利并具有同等社会地位的其他教师。要求教师以同行的身份、同伴的姿态及朋友的口气与其他教师交往……相对而言，教师在扮演同事角色时更多奉行的是平等原则。①

这也就是说，在班级中，教师需要频繁地在这两种角色之间进行转换。在吴康宁看来，“社会代表者与同事是每个教师每天在学校中都不得不扮演的双重角色，或可谓教师的永恒的双重角色。……教师的学校生活过程简直就是教师周而复始地轮番扮演这双重角色的过程”②。正是这两种角色之间的频繁转换，给教师在扮演这双重角色时带来了角色的冲突。

这里，吴康宁主要聚焦教师在班级中所扮演的两种主要角色之间的冲突。除此角色间冲突之外，教师在班级中扮演社会代表者角色，

---

① 吴康宁．教育社会学 [M]. 北京：人民教育出版社，2019：236–237.

② 同上，236.

或者说学生学习指导者和性格培养者角色时，不同的主体对教师这一角色的期待存在差异，这便使教师陷入角色内的冲突之中。

首先，由于关注孩子的成长，家长对教师抱有很高的期望。他们对作为学生学习指导者和学生性格培养者的教师有着自己的期待，而这种期待也经由家校联系传递给教师，影响教师的行为。不同于家长，学生对教师也有着自己的期望。作为长期相处的对象，他们对教师的期望更为直接地影响着教师。与此同时，教师自身对于自己所应扮演的角色也有着自己的认识，这便是他们的自我期待。在某些情况下，这三种主体对于教师的角色期待会产生差异。例如，在家长眼中，他们希望教师作为学生学习的指导者，能够让自己的孩子在考试中获得高分（不关心学习能力的提高）；而教师对自己的期望可能是培养学生的学习能力（尽管有时并不一定能获得高分）；从学生角度来看，他们可能更希望教师成为他们的朋友。这些差异常常给教师带来角色的冲突，使他们陷入角色扮演的困境之中而不知所措。

其次，学生学习指导者和学生性格培养者这两种角色之间在某些情况下也是相互冲突的。例如，作为学生学习的指导者而言，教师需要尽可能地提高学生的学业成绩。提高学生成绩的教师指导原则不同于培养学生性格的教师行为。它们两者背后所含的对于教师的期望是不同的，这也往往会带来教师的角色冲突。

第二节　班级中学生的角色

学生，是班级组织的另一部分重要成员。如果说班级是一个“舞台”，教师在这个舞台上扮演着各种不同的角色，学生构成了他们的主要观众。然而，学生在这个舞台上并非仅仅占据观众的席位，他们也是角色扮演者。处于班级这一社会结构的特定位置中，他们也被赋予了特定的角色与期望。在与教师及其他学生的互动中，每一个学生也会积极主动地进行想象性预演或角色领会，根据其观众的反应来领会有关学生的角色期待，并做出符合其角色认知的行动。实际上，可以说教师和学生在班级中互为演员和观众，两者共同建构了班级这个舞台上的“戏剧”。因此，理解学生在班级中所扮演的角色及过程，不仅是理解教师角色的必要，同时也是更好地认识学生在班级组织中互动及人际关系的必须。

一、学生角色的类型

学生在班级中扮演哪些角色呢？结构角色理论认为，个体在社会体系和网络中所处的位置决定了其所扮演的角色。就学生而言，他们在班级中处于两个相互关联但又相对区别的社会体系之中：师生群体和学生群体。在这两个群体之中，学生扮演着不同的角色，被赋予不同的角色期待。在学生群体中，学生在班级中扮演的是同伴角色。虽然学生同伴关系的建立并非一定限于班级之中，但班级无疑是学生同伴交往的主要场所之一。同一班级学生的交往时间是最长的，相互接触是最多的，因此也是学生选择同伴的主要对象。在此意义上，同伴是班级中学生在其自己的群体中所扮演的主要角色。同伴角色的第一特征是个体之间的平等。虽然不可否认的是，学生之间由于成绩、家庭背景和个性特征等原因会出现“层级”的分化，但是总体而言，作为同伴的学生之间是相互平等的，他们之间的关系与教师和学生之间的关系存在着本质的不同。在班级中，每个学生都承担大致同样的责任、享有基本相同的权利并具有一定程度的同等地位。这也就要求，作为同伴，学生之间在进行交往时要尊重彼此的个体独立性，平等地对待其他学生，不能摆出权威的架势，不能强迫别的学生做出某种行为，更不能凭借自己的强势对其他学生实施欺凌和暴力。因此，平等是学生在其自己群体中所扮演的同伴角色的特征，也是其扮演同伴角色的重要原则。

不同于教师的社会代表者角色，学生的同伴角色并非一个制度性的规定。尽管在班级建立之初，哪些学生能够在一个班级之中并不是由学生自己决定的。对于学生来说，这是一项制度性的规定，是学校通过一定的程序将不同的学生分配至不同的班级，并将这一分班结果强加给学生的。在这一过程中，学生没有自主选择权。不过，当班级组建完成之后，班级中学生在选择同伴以及同伴交往过程中基本来说是自主的。哪些学生能够成为班级中的同伴，他们应该如何交往，学校在制度层面并没有明确的规定。虽然在校纪或班规之中，时常也会对学生之间的社会交往进行规定，比如强调同学之间要友好、要互相帮助，但是这些规定对于学生之间的同伴交往是非常宽泛的，而不能起实质性的作用，更无法规定学生同伴交往的过程。这也就导致了对学生同伴角色没有制度性的期望。作为同伴，班级中的学生应如何跟其他同学交往，他们在同伴交往的过程中应该如何行动，所有这些都没有制度性规定。除了最基本的交往底线外，学生对于同伴的角色期望相对于对教师的角色期望而言缺少一定的统一性。学生对于同伴角色的期望会受特定学生的个性特征、所在非正式群体的文化、家庭背景等因素的影响。这也就是说，学生在同伴交往过程中对于角色的领会，更多依靠的是在同伴交往过程中对于交往对象的角色期望和所在群体的文化等因素的认知而后形成对于同伴交往过程中的行为规范的理解。最终，学生才能够成功扮演同伴的角色。

除了作为班级中学生群体的一员，学生还处在师生的社会系统之中。在师生系统之中，学生扮演着完全不同的角色。具体而言，要考查学生在师生系统中所扮演的角色，我们需要借助上文对于教师在师生系统中所扮演角色的理解。角色是一个“成对”的概念。在社会体系之中，某一个位置上的角色是相对于另一个位置上的角色而言的，两者是相互依存的。在班级之中，教师是相对于学生而言的，而学生也是相对于教师而存在的。没有教师也就无所谓学生。因此，可以说学生在师生系统中的角色是相对于教师角色而言的，而对学生的角色期待也是相对于教师角色期望而形成的。在此意义上，我们可以说学生在师生系统中所扮演的是学习的被指导者和性格的被培养者角色。

作为指导者和被指导者及培养者和被培养者，教师和学生之间是不平等的关系。虽然学生在师生交往中并非完全处于被支配地位，他们也有自己表达积极能动性的方式，但总体而言，教育内含着师生之间的不平等关系。就中小学而言，从年龄上来说，学生绝大多数是未成年人，而教师则是具有专业知识和技能的成年人，这赋予了学生的被支配地位以合理性，他们的学习需要教师来指导，在他们的性格形成过程中需要教师的引导。作为被指导者和被培养者，学生相对于教师的被支配地位依靠的是外部的制度规定。在班级之中，学生应该如何行动、如何言说，学生在班级中应该处于什么位置，以及学生在班级中的时间如何安排，都有非常细致的制度规定。如果违背这些制度规定，那么学生就会受到特定的惩罚。也就是说，对应于教师的社会代表者角色，社会对于学生的被指导者和被培养角色也有着制度化的期望。学生以此制度化的角色期望为基础进行角色的领会，形成自己对其所应扮演角色的认知。然而，学生并非完全被动地接受这一制度化角色期望的作用。在学生对角色的领会过程中，这些制度化的角色期望是以教师为中介传达给学生的。因此，在此过程中，制度化的角色期望首先会经由教师的主观解释，不同教师会根据自己独特的教育观和学生观对此角色期待进行主动的再解释。与此同时，学生在理解教师根据自身再解释所形成的角色期待时，也会再次根据自己的“心智”和“自我”进行重新建构，最终形成对其角色的认知，并根据这一认知在班级中做出恰当的行为。

二、学生角色的分化

总体而言，班级中学生在扮演同伴角色时奉行平等的原则，学生之间保持着相互之间的个体独立性。然而，这并不意味着班级中学生之间不存在角色的分化，他们之间是完全平等的。事实上，随着学生之间交往互动的深入，会形成角色的分化。一般来说，这种分化有两种不同的形成过程：一种是自然形成的非正式过程，另一种则是教师人为形成的正式过程。就前者来说，学生的角色分化是学生在班级交往过程中自然而然地形成的。前文已经论述了，班级中学生在交往过程中会形成他们自己的“小圈子”，也即学生的非正式群体。在学生的非正式群体中，每一个学生并非同样地扮演同伴角色。他们在作为同伴的同时也会发生分化，有的在同伴交往过程中扮演领导者角色，而有的则扮演着同伴交往过程中的被领导者角色；或者有的学生扮演着帮助提供者角色，另外一部分学生则扮演被帮助者角色；又或者有的学生扮演决策者角色，而另一部分学生则扮演服从者角色；等等。这些都是学生同伴角色在纵向层面的分化，在学生非正式群体中，学生作为同伴出现了层级的差别。在此学生角色的层级分化过程中，虽然没有群体之外的人为介入和干涉，却有一些因素对这一角色分化的过程在起作用。比如，家庭社会地位和学生的学业成绩都会影响学生在非正式群体中的地位以及所扮演的角色。与此同时，学生在其非正式群体中扮演同伴角色时，还会出现横向的角色分化。例如，当非正式群体中学生要一起合作完成某项任务时，他们会形成不同的分工，每一个人都在任务完成过程中扮演各自不同的角色。在此过程中，每一个学生扮演何种角色既取决于学生的特征，同时也取决于他们所要完成的任务的性质。

除自然而然的角色分化过程外，学生作为同伴的角色分化还形成于教师的正式指派。在班级中，源于教师正式指派的角色分化的主要形式之一便是班干部的选定。班干部是我国班级中的常见角色，是在教师干预下产生的学生管理群体。刘云杉等曾指出“学生干部的产生途径主要有两种：一种是民主选举，教师认可；另一种是教师指定。完全放任的民主选举，完全放手的学生自治在小阶段并不存在，因此，学生干部的产生实际上是教师控制的产物”[①]。在教师的控制之下，班干部的选定使得班级中的学生作为同伴被分成了两大层级：班干部和群众。从数量上来看，班级中班干部的数量更少，而群众的数量更多。与此同时，班干部内部并非同质的，也存在着角色的层级分化。一般而言，班干部又可分为班长、副班长、学习委员、生活委员、文艺委员、小组长等等。班长在班干部群体中处于最高层级，其次是副班长，再次便是各种委员，最低层次则是小组长。不同层级的班干部在班级管理中扮演着不同的角色，教师和其他学生对其有着不同的期待。这样来看，原本处于同一层面的同伴角色便在教师的干预下产生了纵向的分化，班级中学生的角色层级呈现出金字塔形。“担任‘干部角色’（班干部与小组长，尤其是班干部）的，只是班级中的少数学生，大部分学生只是‘群众角色’。”[②]在这种金字塔形的角色层级中，学生在角色扮演的过程中习得了有关“地位差异”和“权威—服从”的观念。对于班级中学

① 刘云杉，等 . 小学班级中学生角色因素的相关性分析 [J]. 教育理论与实践，1995(3).
② 吴康宁 . 教育社会学 [M]. 北京：人民教育出版社，2019：322.

生角色的层级，吴康宁将其称为班级中的正式结构，并指出，这种金字塔形正式结构是导致学生形成地位差异观念及权威服从观念的一种重要的“文化资源”。……只有金字塔形正式结构才使儿童第一次亲身体验到制度化了的组织内地位差异及相应的权威—服从关系，并形成相应观念。[①]

这为学生步入社会后适应成人工作组织中的角色层级差异及权威—服从提供了充分的基础。

三、学生的角色冲突

当班级中学生作为同伴发生角色分化之后，其中一小部分的学生被指派为“班干部”，承担着班级管理的角色。更确切而言，他们承担着协助教师进行班级管理的工作。也就是说，对于班干部而言，他们同时承担着两种角色：同伴角色与班干部角色。这是两种不同性质的角色，教师和学生对这两种角色的期待是不同的。和同伴角色的平等原则不同，班干部角色扮演遵循的是等级原则，或者说不平等的关系。从班干部的形成过程来看，不管是民主选举还是教师指派，班干部在地位上都要高于其他学生，承担着对班级中的其他学生进行管理或者协助教师进行管理的任务。一些研究显示，在班级中班干部的学习成绩和地位较之群众都要高。刘云杉等在其对学生班干部的角色研究中发现：干部群体中语文成绩好者比率与数学成绩好者比率远远高于相应的群众群体的比率，干部群体中的高地位者比率远远高于群众群体中的高地位者比率，干部群体中的低地位者比率又低于群众群体中的低地位者比率。[②]这样，班干部较好的

① 吴康宁．教育社会学 [M]. 北京：人民教育出版社，2019：322.

② 刘云杉，等．小学班级中学生角色因素的相关性分析 [J]. 教育理论与实践，1995(3).

学习成绩和较高的社会地位，加之教师的认可和支持，保证了班干部相对于班级群众的权威，形成了班干部和群众之间的权威—服从这一不平等的关系。班干部在协助教师进行班级管理时，依靠的便是这种权威，实施的便是这一不平等原则。这也就意味着，班干部在班级中和其他学生进行交往和互动时，需要在两种角色之间不断进行转换，游走于两种不同的交往原则之中。而这往往会使作为班干部的学生陷入角色冲突或困境之中。

学生在承担两种不同的角色——班干部和同伴时所面临的角色冲突，被称为“角色间冲突”。它指的是个体在扮演不同角色时，两种或多种角色之间所形成的冲突。除了这种角色间的冲突外，学生作为班干部还可能会面临“角色内冲突”。角色内冲突指的是，个体在扮演特定角色时，由于不同社会群体对此角色持有不同的期望，这些不同期望给个体角色扮演带来了冲突和困境。作为班干部，学生会面对来自不同社会群体——家长、教师和其他学生——的期待。由于这些社会群体所处的社会位置以及他们的认知存在着差异，因此他们对学生作为班干部的角色期望也存在差异。具体而言，家长对于子女在班级中承担班干部工作，可能希望他们能够受到教师更多的重视，最重要的是能够帮助他们提升能力，提高学习成绩；教师可能希望班干部能够帮助自己进行班级管理，维持班级秩序，发挥带头作用；而其他学生可能希望班干部能够作为学生代表和教师进行沟通，甚至有一些学生希望班干部能够包容自己违反班级制度和规范的行为。这些来自不同主体对于班干部的角色期望在特定情况下会产生冲突。例如，家长期望班干部经历能够帮助学生提高学业成绩，而教师却期望班干部能够协助进行班级管理，在一些情况下，由于班干部把一部分时间和精力分配给班级管理，则有可能会妨碍其学业进步。家长期望和教师期望的这种差异便给班干部带来了角色的冲突。再如，其他学生希望班干部包容自己的违规行为与教师希望班干部协助进行班级管理之间也是存在冲突和分歧的。这些对班干部角色的不同期望使班干部在班级中进行角色扮演时陷入困境，从而影响其功能的发挥。

第三节　班级中的人际关系

如果说班级是一个社会系统，每一个个体在这个社会系统中占据着特定的位置，并在这个位置上扮演着特定的角色。这些角色并非相互独立的，而是相互联系的。以学生和教师的角色为结点而形成的网络便是班级中的人际关系。班级中的教师和学生便在此人际关系中进行着互动和交往。总体而言，我们可以从三个方面——师生、师师和生生之间，具体审视班级中的人际关系，了解班级中的互动和结构。

一、师生之间的支配与反抗

教师和学生作为班级中的两大主体，他们之间的关系构成了班级中人际关系的重心。从教师和学生在班级中所扮演的角色来看，主导他们之间关系的是“支配”。具体而言，是教师的支配与学生的被支配地位。在班级中，教师是权威拥有者，而学生则是权威服从者。教师和学生之间的这种不对称或不平等关系是教育得以存在和实施的前提。换言之，班级中的教育教学得以发生的前提条件便是教师相对于学生的权威以及学生对权威的服从。对于师生关系，威拉德·沃勒这样论述道：师生关系是制度化的支配与服从关系的一种形式。教师和学生在有着原发性期望冲突的学校中相逢。尽管这些冲突的总量在大幅度地减少，而且许多冲突是深深地隐蔽着的，但冲突仍然存在着。教师代表正规课程，其乐趣在于以任务形式，用这种课程去影响学生，同教师必须提供给学生枯燥的成人的偏见相比较，学生对自己的生活领域更感兴趣。教师代表学校中既存的社会秩序，其乐趣是维护这种秩序，而学生对这种封建上层建筑只有反感。教师和学生各自抱有无法完全改变其对于对方潜在敌意的态度相处。①

从制度上而言，教师的权威或者学生的服从几乎是预定性的。沃勒表示：权威存在于教师这一方面。教师几乎总是胜利者。实际上他是非胜利不可，否则他就不再是教师了，毕竟学生通常是容易管教的，他们无法抵御成人用以巩固其决定的那种手段。斗争的结果是预先注定的。②

然而，这并非说明学生在师生关系中完全是被动的，没有任何发挥积极能动性的空间。学生并不是完全处在教师的权威和控制之中，否则教育就不能称其为教育。学生是一个主动的个体，他们具有自己的积极能动性，他们需要用自己的方式去实现自己的目的。因此，当教师的要求和学生的自主要求相抵触时，学生虽然在制度和形式上处于服从地位，但学生也会以自己的方式“抵制”来自教师的权威。这可以被称为班级中“弱者”的反抗。对于大多数学生而言，当不愿意服从教师的权威时，他们会选择“撤离”。学生在班级中有相当部分的时间并非真正“在场”，他们游离于班级活动之外，以此抵制教师的权威。在一项对 78 个高中生的研究中，研究者发现相比较于学生所处的其他环境，班级环境的无趣程度明显更高，学生的专注力程度明显更低。“研究者估计，学生在班级中平

---

① [美] 威拉德・沃勒. 制度化的领导——教导 // 厉以贤，主编. 西方教育社会学文集 [M]. 台北：五南图书出版社，1992：595-603.

② 同上.

均只有一半时间处于专注状态。”[①] 这是一种表面比较温和的抵抗方式，它经常表现为“走神”“做小动作”等学生行为。教师可以通过观察学生的这些行为表现来辨别学生的无声抵抗。但是，在大多数情况下，学生的温和抵制并不表现在外在的行为中，学生在行为上也遵从教师的权威和班级中的制度，然而在内心中却不认可。或者说，他们只是对教师权威表现出机械服从，而在内心并不真正遵从。对于这种无声的抵制，教师在大多数情况下很难辨别。

除了这种温和的抵抗外，还有小部分学生会采取较为激烈的方式。比如，他们会在课堂中打断教师的教学或者违反班级中的规章制度，等等。这些抵抗方式对于教师权威构成了明显的威胁，影响教师在师生互动过程中的地位，因此会造成师生之间在班级中的冲突。然而，对于学生的特定行为是否构成对教师权威的抵制，并不存在一个固定的判断标准。这取决于教师的“标签”行为，由于教师的社会背景、受教育经历以及对班级正常行为的界定不同，学生的某个行为在一些教师看来是不可接受的，而在另一些教师看来则是可接受的。因此，学生的“打断”和“违规”行为还需要经过教师的“标签”过程才能成为对教师权威的抵抗，并引起师生之间的冲突。除此两种抵制方式外，沃勒也描述了学生抵制教师权威的方式：学生试图抵消教师控制的方式有刻板地服从、对教师一笑了之、不同教师发生任何个人的交往，以及在无法顾及的自发活动中包庇。[②]

可见，教师在班级中预先规定的权威仅是形式上的，它还需要学生赋予这些外部形式以意义。如此，教师的权威以及班级中的规

① Sarane Spence Boocock. The Social Organization of the Classroom [J]. Annual Review of Sociology, 1978, 4.

② [美]威拉德·沃勒. 制度化的领导——教导 // 厉以贤，主编. 西方教育社会学文集 [M]. 台北：五南图书出版社，1992：595-603.

章制度才能真正地规范学生在班级中的行为。因此，在师生之间的不平衡关系中，教师需要做的是如何采取恰当的激励措施，使学生能够自愿遵从教师的权威。只有这样，教师的权威才能在学生那里获得意义，不仅在形式上得以固定，而且在实质上真正得以确立。

二、教师之间的孤立与联合

在我国，分科教学是中小学教学的主要模式，一个班级中配备不同的教师担任不同学科的教学。这样，教师在班级中除了和学生产生互动关系外，还会和其他学科的教师建立同事关系。在上文中，我们已经比较了教师所扮演的同事角色和社会代表者角色之间的差别。也就是说，教师和教师之间的同事关系与师生之间的权威—服从关系是不同的。教师作为同事，他们之间的交往遵循的是平等的原则。尽管如此，班级中教师与教师之间的平等交往仅限于日常事务之中。实际上，他们之间的深度交往是极为有限的。由于分科教学，各个学科之间是相互分隔的，因此各个学科教师也是在相互隔离的状态下进行着各自的教学。很长一段时期，很多学校中各科教师在教学的过程中是孤立的。他们有关于教学理念和方法的交流较少，较难共同探讨教学过程中出现的问题。他们也很少整体地考查学生，大多各自从特定的学科对学生进行考查。他们无法共同承担学生的教育和班级的管理工作，而只是各自负责本学科的教学，将班级管理的工作交给班主任。这样来看，在班级中，教师之间虽是平等的同事关系，但在教育和教学工作层面他们往往处于相互隔离和孤立的状态。

这使教师群体未能发挥其“集体”功能，无论是对学生的发展还是对教师自身的专业发展都构成了一种限制。为改变教师间的孤立状态，增强教师在班级教学过程中的互动和合作，发挥教师的群体效益，班级教学和管理实践中也出现了一些改良措施。从班级教学来看，比较普遍的改革便是“集体备课”的实施。集体备课于20世纪50年代被提出，如今虽不是任何教育法规和政策中的规定，但确是很多学校教学实践中的“成规”。它所针对的是各科教师的孤立，是“为了实现教学效益的最大化，教师之间通过合作互助开展教学研究，以达到提升课堂教学质量并促进教师专业发展的目的。因此，集体备课强调教师基于合作探究而实现教育教学的意义，强调优秀教学资源与教师集体智慧的共创与共享”①。从理想状态而言，集体备课有利于改变班级中教师的孤立状态，去除这种孤立状态给学生学习和教师专业发展所带来的限制。从学生学习来说，集体备课使得各科教师能够围绕学生在学习过程中所存在的问题展开共同的研究和讨论，在此过程中，每一个教师对学生的认识都更多维、更立体、更深入，这为更高质量地指导学生的学习提供了保障。从课程知识而言，集体备课也能够增强各学科知识之间的联系和综合，改变以往的碎片化状态。在集体备课的过程中，不同学科的教师一起研究课程知识时，不同学科知识之间的联系得以展现，各学科之间的知识整合或者跨学科的知识综合也成为可能。从教师自身来说，集体备课也是实现其专业发展的有效途径。正如迈克·富兰所言：“当教师在学校里坐在一起研究学生学习情况的时候，当他们把学生的学业状况和如何教学联系起来的时候，当他们从同事和其他外部优秀经验中获得认识、进一步改进自己教学实践的时候，他们实际上就是处在一个绝对必要的知识创新过程中。”②

班级中，各科教师的孤立状态除了表现在教学活动中，还表现

① 王鉴，方洁．中小学集体备课模式的变革研究 [J]. 教育研究与实验，2013（6）．

② 同上．

在班级管理工作之中。在当下学校教育实践中，班级管理主要采取的是“班主任负责制”。具体而言，各科教师负责的是学科知识的教学，而学生的管理工作则由班主任一人承担。这就造成了班级管理中教师之间的孤立，各科教师和班主任之间的工作被人为划出一道鸿沟。对于教师来说，教学和育人工作被分开；对于学生而言，知识获得与性格养成成为两个严格区分的方面。对于班级管理中的班主任负责制，齐学红认为：“班主任负责制是计划经济的产物，是建立在班级授课制基础上的，在整个社会从计划经济向市场经济转型的今天，已经不能适应教育问题的复杂性和学生身心发展多样性的需要，为此必须进行改革。”[①] 为了改变班主任负责制所导致的各科教师和班主任在育人工作中的孤立状态，形成教育的合力，一些学校进行了“自下而上”的班级管理体制的改革。齐学红介绍了南京市 N 学校的班级管理体制改革，用班级教育小组集体负责制代替了原来的班主任负责制。她描述道：“在班级教育小组制中创设了‘日碰头，周例会，月诊断’制度，在班级的制度平台下提供了日常化的教师合作交流的机会和可能。班级教育小组的每个成员都有自己负责的‘牵手学生’，他们需要在与其他教师的合作交流中找到针对个别学生的最佳的解决方案。这个过程就像医院系统里的专家会诊。”[②] 以上两项改革反映了教育实践者和研究者对班级教育教学实践中教师间的孤立状态所进行的反思，也是将孤立的教师联合起来，形成教育合力的尝试。

---

① 齐学红 . 基础教育改革的实践逻辑——对一所学校班级管理体制改革实验的解读 [J]. 教育理论与实践，2017（5）.

② 同上 .

三、学生之间的竞争与合作

从数量上来看，学生无疑是班级中的主体，学生间的关系是班级人际关系中不可忽视的方面。在班级中，学生扮演着同伴的角色，遵循平等的原则进行着交往和互动。在他们作为同伴的交往过程中，他们会形成两种不同的人际关系：正式的人际关系和非正式的人际关系。对于学生在班级中所形成的非正式人际关系，前文在班级非正式群体部分已经进行了论述。因此，这里主要关注学生在班级中作为同伴在交往过程中所形成的正式的人际关系。

作为一种正式组织的学习集体，班级首先表露出“竞争性”，学生之间首先拥有的便是“竞争性”的人际关系。迪尔登（R. F. Dearden）指出：“两个个体之间或两个群体之间产生竞争必须有三个条件：（1）双方都想达到同一目标或目的；（2）一方达到目标，就会排斥另一方去达到；（3）因为双方都知道其中的一方必被淘汰，所以双方都为达到目标而竭尽全力。因此，在竞争中，双方都会努力争取获得优势地位，即针对目标方面获得比对方更优越的地位。”[①]在班级中，学生之间也满足这三个条件。在“升学”逻辑的推动下，“名次”成为学生班级生活的重要关注点，排名或变相的排名成为班级教育教学的重要活动，也被教师视为教育教学活动的激励手段。排名和比较成为学生作为同伴在班级正式交往过程中的内在逻辑：

> 教师评定学生的成绩往往不是依照客观标准，而是通过将之与其他同班学生的成绩进行地位比较。每次考试之后，许多的教师都会对全班学生的成绩进行排队，并进行一次相对的评价。在这种评价方式下，一个学生哪怕是考了 90 分，如果他在全班的

---

① T. Husen. The International Encyclopedia of Education [J]. Research and Studies, 1985, 2.

成绩排名中属于中下水平，那么他也是一个失败者。[①]

这样，“好的名次”或“靠前的名次”成为班级中学生想要达到的目标。而班级中“好的名次”是有限的，某个学生占据了靠前的名次，其他学生便只能排于其后。因此，班级中大多数学生都会在此激励手段的推动之下努力学习，争取在班级排名中占据靠前的位置。作为同伴的学生被带入竞争之中，他们之间便形成了一种“竞争性”的人际关系。

根据竞争“单位”的不同，班级中学生的竞争关系可以分为两种类型：以个人为单位的竞争关系和以群体为单位的竞争关系。以个人为单位的竞争关系是一种纯粹的“竞争性”人际关系，而以群体为单位的竞争关系则是带有合作性质的“竞争性”人际关系。说后者是“竞争性”的人际关系，是因为在这种关系之中，群体和群体之间处于竞争关系；说其是合作性质的，是因为在群体内部各学生之间处于合作性的关系之中。关于群体竞争相对于个体竞争的优势，有研究表明：

> 群体竞争（包括群体之间为争夺优势而进行的竞争和群体内的合作）比个体竞争优越。群体竞争的好处是，它不仅可以使学科成绩明显提高，而且还使情感与社交方面的学习得到承认和发展。……利用群体或小组的竞争方法，可使学生合作性地互相帮助，同时又为竞争成功而奋斗。[②]

---

① 吴康宁，主编．课堂教学社会学 [M]. 南京：南京师范大学出版社，1999：183–184.

② 同上，187.

由此研究结论，我们可以说构建学生之间的群体性竞争关系应是教师在教学和管理中的重要工作。然而，如何分组、如何促进组内成员在学习过程中的合作成为教师所面临的问题。约翰逊（D. W. Johnson）认为，有效的合作学习需要具备五个要素：

（1）积极的相互依赖关系，使小组成员确信他们能够同舟共济；

（2）面对面的交互作用，旨在确保小组成员之间能够直接进行交流；

（3）个体责任，每个成员都对完成全组学习任务负有责任；

（4）合作技能，即与他人在小组中协同学习所需要的各种组织能力、交流能力、协调能力以及相互尊重的态度等；

（5）集体自加工，小组成员采取自我检查或反馈方式，考查集体学习进行得如何，并提出改进措施。[①]

对于教师如何在班级中进行分组以及如何促使小组成员之间的合作，这一研究结果是具有启发意义的。

① 吴康宁，主编 . 课堂教学社会学 [M]. 南京：南京师范大学出版社，1999：190–191.

第七章

班级中的文化

在社会学中，一般将一定的社会群体或社会组织的成员所共有的信念、价值观、态度以及行为方式的复合体，称为“文化”。[①]这意味着文化与群体有关。凡有人群的地方，就有自己独特的文化。班级不仅是学生日常生活最为依赖的场所，也是学校组织学生的基本形式和单位，更是年龄相近的学生组成的群体。因此，作为社会群体的班级，它的所有成员或部分成员所共有的信念、价值观、态度以及行为方式构成了班级文化。

第一节　班级文化的社会建构

“班级文化是班级成员在长期的班级组织生活中，共同磨合、彼此适应和积极建构，从而形成的集体认同并遵循的班级价值观与行为标准体系。”[②]也就是说，班级文化创建的主体是班级成员，其创建的过程也不是一蹴而就的，是逐渐形成的，同时班级文化必须

① 吴立德 . 班级社会学概论 [M]. 成都：四川大学出版社，1996：74.
② 张祥兰 . 班级文化场域建构：价值选择与关系调适 [J]. 中国教育学刊，2016（8）.

以集体认同作为基础，班级成员不认同的其他“文化”不可能成为班级文化的组成部分。但需要注意的是，班级并不是一个孤岛，班级文化也不是一个封闭的系统。班级文化虽然是班级成员创造的，但是创造过程并不是封闭的。班级文化是一个开放的系统，它不仅受到班级外部文化的影响，而且在某种程度上依赖于外部文化。班级文化既源于班级成员主动进行的价值判断、选择和优化的过程，也源于对所在场域变化的敏感和自觉行为。因此，我们认为班级文化是一种社会建构。具体来说，我们可以从三个层面阐述班级文化的社会建构。第一个层面是班级文化作为独特的群体文化，第二个层面是班级文化作为学校的亚文化，第三个层面是社会对班级文化的影响。这三个层面实际上既是围绕班级文化所嵌入的“社会范围”逐渐拓展的结果，也是沿着班级群体活动的轨迹逐渐展开的脉络。

一、班级文化作为独特的群体文化

如果文化是群体成员共享的一套“共同理解”，那么每个群体毫无疑问都有自己的文化，而且这个“理解”来自群体的互动。群体中的成员认识到他们所分享的经验可以被其他成员理解，进而被用来构建一个社会现实。正如奥古斯特·B. 霍林斯黑德所指出的那样：“人们或多或少地处于连续的交往中，发展出一种行为特征和文化价值，这些特征和机制是群体所特有的，在某种程度上不同于其他群体和更大的社会文化综合体。也就是说，每一个持续存在的社会群体，都发展出一种不同的文化和一套对其他成员所特有的、共同的社会关系。”[①] 格雷·阿兰·法恩（Gary Alan Fine）称之为“特

① G. A. Fine. With the Boys: Little League Baseball and Preadolescent Culture [M]. Chicago: University of Chicago Press, 1987：125.

殊文化”（idioculture）。这种特殊文化是一个由知识、信仰、行为和习俗组成的系统，由互动群体的成员共享并成为成员进一步互动的基础。这种对文化来源于群体互动的强调，指明了文化实际上是作为一种“地方性知识”的存在。在这个意义上，聚焦微观的班级文化，我们可推知班级文化同样来源于群体成员的互动，来源于互动中形成的一套“共同理解”，并逐渐成为班级中不可忽视的“社会现实”。学校中每个班级都由不同的群体组成，每个班级都会形成自己的文化。这是在共享空间中共同活动的结果。

尽管一个群体的独特文化包括信仰、价值观、态度和行为，但并不是一个群体互动的每一个元素都是其独特文化的一部分。某些元素比其他元素更有意义，因此成为一种文化的核心。重要的元素往往是那些重复出现的或者是那些虽然不常被提及却具有重要影响的元素。一个文化元素的重复表明了它的显著性，而它的影响表明了其中心性。一般来说，如果一个经验或信息在群体内传播，并且被认为是可以合法或有意义的，那么这个群体的“特殊文化”就增强了。也就是说，赋予一个事件意义是事件获得独特文化意义的标准。依循这个路径，班级文化不仅诞生于班级成员之间的群体互动，也来源于在互动中不断重复出现的主题或元素，比如班规的某些内容；还源于影响班级整体精神气质、氛围或群体凝聚力的重要事件，例如班级的某些禁忌。这些内容和事件因其特殊影响被班级的成员赋予重要的地位和意义，成为构建班级文化的核心元素。

总之，班级文化作为群体文化，因班级构成群体的差异而具有一种特殊性。即便从表面上看，学校中的班级群体是同质的，班级文化总是千篇一律；但是细查深究，学校中的班级群体事实上是异质的，班级文化也是千差万别。因此，特殊的班级文化可以作为不同班级的文化标识，作为班级的特殊属性。

二、班级文化作为学校亚文化

班级文化作为特殊的群体文化，其特殊性不能忽略。但是我们同时也不难发现，同一所学校的班级文化还具有明显的共性。因为班级文化不仅“诞生”于班级内群体成员的互动，还嵌入于一个学校的教育体系中，是学校文化的重要组成部分。学校文化通过直接或间接的渠道影响班级文化的构成。

威拉德·沃勒强调，学校文化是由若干不同的亚文化组成，由制度文化、教师文化和学生文化等几种不同的文化交汇在一起的。“学校文化是年轻工匠为自己创造的文化和老工匠为年轻人创造的文化的奇妙混合体。它还将这些文化的片段与更大的文化比如整个社会的文化混合，以使孩子能够更好地适应社会。”[①] 年轻工匠为自己创造的文化更多表现为学生文化、班级文化，老工匠为年轻人创造的文化更多表现为教师文化、制度文化等。教师文化与学生文化二者不但共同构成了学校文化，同时也相互影响。教师代表的是更广泛的社会文化，代表的是成人文化。这意味着在教师与学生的互动过程中，教师有意或无意地将社会文化和成人文化“强加”给学生。虽然学校文化对于学生来讲，具有一定程度的外在性，并不能直接决定学生的行为。但是当这些文化融入学生的个人生活中时，这些文化会发挥潜移默化的作用。更为关键的是，教师代表的是社会文化，是成人文化；在一定意义上，也是主流文化。主流文化的传播拥有权力的加持，更容易“强加”给学生，或者说更容易介入班级文化

① Margaret A. Gallego, Michael Cole, etc. Classroom Cultures and Cultures in the Classroom. in Virginia Richardson. Handbook of Research on Teaching [M]. American Educational Research Association，2001: 951.

的构建。“在班级文化形成中，教师文化对学生文化具有定向和指导作用。”[①] 因此，沃勒认为：“教师的责任是通过一种经过精神分级和不断演变的文化，组织成越来越复杂的结构，同时减少代际之间的紧张关系来促进这种强加。”[②]

不仅如此，学生不只是班级中的学生，还是师生互动中的学生，更是学校中的学生。学校文化可以直接影响学生的思想、态度和行为，进而影响班级文化的构建。学校是制度化的机构，拥有自己独特的文化，所以每个学校都有自己独特的教风、学风、校训等文化特征。班级中的学生自然首先受到同一所学校的文化熏陶、浸染和教育。班级文化的构建必然以学校文化为基础，或者班级文化的构建受到学校文化的制约。因此，班级文化从来不只是班级中的学生群体互动的结果，班级文化作为学校的亚文化，必然受到学校文化的影响。

三、社会文化对班级文化的影响

班级文化作为一种亚文化嵌入学校文化中，同时学校文化还嵌入更广泛的社会文化中。这种层层叠叠的嵌入关系表明，班级文化的讨论不能脱离更广泛的社会背景。社会背景引导和指明了社会文化特定的含义。社会文化的积极因素与消极因素都对班级文化的构建产生广泛而深刻的影响。这种影响既可能是直接的，也可能是间接的。

一方面，社会文化以学校文化为中介，影响班级文化的形成。“学

---

① 吴立德 . 班级社会学概论 [M]. 成都：四川大学出版社，1996：75.

② Margaret A. Gallego, Michael Cole, etc. Classroom Cultures and Cultures in the Classroom. in Virginia Richardson. Handbook of Research on Teaching [M]. American Educational Research Association，2001: 952.

校文化不是从天而降，而是由社会文化经层层筛选而来。”[①] 因为社会文化良莠不齐，适当的筛选，有利于为学生创造相对洁净、相对高雅、相对安全的校园文化环境。约翰·杜威同样希望学校生活成为一种经过选择的、净化的、理想的社会生活。但是这不意味着学校文化与社会文化完全区隔，学校文化并不是独立于社会文化之一隅，保持自身封闭的“桃花源”。从源头来看，学校文化仍然是社会文化的一部分，是从社会文化的母体中孕育而生，彼此间有着千丝万缕的联系。那么，在社会文化与班级文化之间，学校文化发挥着“桥梁”和“过滤器”的作用。社会文化通过影响学校文化进而参与班级文化的构建。

另一方面，社会文化直接影响作为社会个体的学生。班级文化和学校文化只是学生每天生活的一部分。学校从来没有也不可能垄断学生的生活，学生活动本身因此成为社会文化与班级文化的“暗桥”。随着学生活动轨迹在学校、家庭以及社会等场景转换，学生不仅感受到了学校文化和班级文化，同时也从来没有离开社会这个大环境，在与家长、亲友以及其他社会人的相处中，感受、体验以及传播社会文化。学生群体的文化嗅觉比一般社会群体更加灵敏，他们能较快地接受新思想、新事物，也容易成为社会文化的必然接受者和传播者。这意味着班级中的个体是带着社会文化的元素或痕迹在参与班级文化的构建，社会文化通过社会中的成员学生总是或多或少、或明或暗地渗透在班级文化中，反过来又对每个个体产生影响。

不过，班级文化、学校文化和社会文化之间的嵌入关系并不是简单的文化复制与传递过程。在嵌入关系中，还存在各种文化的冲

---

① 张亚梅，王丽琴.学校文化与社会文化的隔离与架构[J].教育研究与实验，2001(1).

突和融合。“学校场域对班级场域具有文化引领与价值主导的力量。如果这种‘引领’与‘主导’力量介入的时机和形式不合适，就可能带来学校与班级文化场域间的冲突。”① 因为不同文化在各自场域运转遵循其自身价值逻辑与常规。班级文化作为特殊的群体文化，有其相对的自主独立性、自我成长性等特征。“班级文化场域与学校文化场域同时运转时，班级文化与学校文化场域价值冲突凸显，很容易产生两种场域间力量的博弈与竞争。”② 因此，学校文化在介入影响班级文化时，要遵循班级文化场域的自身逻辑和规范。伯恩斯坦也表示，如果教师文化要成为儿童意识的一部分，那么儿童文化首先必须在教师的意识中。教师只有充分尊重班级文化建构的内在逻辑，学生建构班级文化时才会将其作为核心考虑。当然，班级文化建构过程中，也要整合学校、社会、教师、学生等多方面的诉求，对学校文化、社会文化主动地适应、选择、判断与整合，认同并内化为班级文化建构的主要资源，促进学校文化和班级文化的融合。社会文化与学校文化、班级文化的冲突和融合遵循同样的逻辑。因此，班级文化并不是一种“纯”的学生或儿童文化，而是一种混合文化，是多种文化的混合。正如古迪纳夫（Goodenough）指出的那样：“一个社会的文化构成并不是铁板一块，进而来决定其成员行为，而是作为对各种活动理解和期望的混合体，进而作为指导其行为和解释的指南。”③ 班级文化亦如此。

---

① 张祥兰．班级文化场域建构：价值选择与关系调适 [J]. 中国教育学刊，2016（8）.

② 同上．

③ Margaret A. Gallego, Michael Cole, etc. Classroom Cultures and Cultures in the Classroom. in Virginia Richardson. Handbook of Research on Teaching [M]. American Educational Research Association，2001: 958.

第二节　班级中的文化结构

对班级中文化结构的解析，将有利于更加清晰地展现作为一种混合文化的班级文化或者班级文化的混合性。班级中的文化结构是指班级中的文化构成及其相互之间的联系。识别和区分班级文化的类型并不是一件容易的事情，因为“文化是人的一层社会包裹”，人有多复杂，文化就有多复杂。不仅如此，文化是如此为人所熟悉和平凡，以至于它们的功能和效果往往是看不见的、不被注意的。因此为了揭开班级文化的内部构成，我们可以从多种角度来分析班级文化并区分其类型，以期为我们更加详尽地认识班级文化提供一个多样性的视窗。

一、显性文化与隐性文化

“文化是一种包括看与听、说与默、显与隐的生活方式。”[①]从班级文化的存在状态划分，可以分为显性文化和隐性文化。显性文化，也被称为“硬文化”。它是班级文化的外在表现形式，是表层因素，是可以直观观察到的，具体包括教室建筑、班级设施、班级规模、教室布置、座位编排等。隐性文化是显性文化所依托的人文背景，也被称为“软文化”。隐性文化主要包括制度文化、观念文化和行为文化。例如，“班级的理念、管理模式、组织方式、人际关系、群体意识以及教师的风格和班级气氛等”[②]。隐性文化内隐于人的内心，属于深层因素，很多时候要依靠抽象和推理概括出来。

事实上，显性文化与隐性文化常常难以区分，且二者之间存在

① 张东娇．学校隐性文化发生机制与管理手段 [J]. 教育科学，2022（3）.

② 徐平利．试从“班级准社会”的视角看班级文化建设 [J]. 教育导刊，2004（10）.

着密切的联系。一方面，隐性文化对显性文化具有制约、支配作用。另一方面，显性文化在一定程度上作为隐性文化的载体，是班级文化的外在和具体表现。例如，班徽，既可以作为班级显性文化的存在发挥作用，作为班级精神文化的物质载体；同时班徽也是班级精神、班级理念等隐性文化的体现，班徽的制作明显受到班级隐性文化的制约和支配。因此，有学者认为，所谓隐性文化与显性文化的区分关键是实现方式的差异，显性文化主要是以有意识的行为而实现的，而隐性文化则主要是通过无意识的行为得以传播和交流。个人对某种文化存在表现出从无意识到有意识的过程，可能就是隐性文化转化成显性文化的过程。

二、离散型文化与统合型文化

依据班级成员所占的文化的集中程度不同，班级文化可分为两种：离散型文化与统合型文化。

“班级文化的‘离散’，源自班级内部的群体分化及分层结构的形成，是个体以小群体形式对抗制度化影响以实现个性保留的必然结果。”[①] 在这样的班级中，其成员以小群体的形式分散形成不同类型的文化，任何一种文化都不占主导地位，多元文化之间处在一种不稳定，甚至相互冲突的状态，这时就形成了班级的离散型文化。班级的离散型文化消解了规范性文化的压力，以小群体内部相对亲密的人际关系替代更大群体内大范围的互动，试图保留小群体自主的空间。但是离散型群体文化削弱了班级作为一个整体对个体的心理和情感的支持，分裂了集体的意识，降低了文化的整合功能。

---

① 贾灵充.离散与统合：大学班级文化属性和功能的微观分析[J].教育探索，2014(9).

班级文化的“统合”，是指“在班级文化中，有某一种文化占主导地位，或是有某种文化能集中地反映该班级文化的主流，就称该班级文化为统合型文化”[①]。统合型文化强调以某种文化为核心，对班级中其他多种文化形态统合。因此，统合不是排斥，排斥是消除其他文化形态，而统合是以某种文化为核心，进而整理和融合其他文化。班级的统合文化对班级整体和成员个体的价值取向及行为取向具有显著整合和引导作用，使班级群体“在互动方式上具有一种情感和理性的双重性”[②]。

三、教师文化与学生文化

关于教师文化的内涵，不同学者的界定与阐释各不相同。哈格里夫斯认为教师文化内容包括在一个特殊的教师群体中或一个更广泛的教师社团中的态度、信念、习惯、假设和处理方法。佐藤学则认为，教师文化是教师群体所特有的范式性的职业文化，包括教师的职业意识与自我意识、专业方面的知识与技能，以及感受“教师味”的规范意识与价值观、思考和行动的方式等。桑德拉·阿克从文化视角与符号互动理论的观点出发，认为教师文化是有意义的信念与实践系统，包括技能、技术、价值观、态度与信念等。虽然关于教师文化的内涵存在着多种解释，但是在班级文化形成中，教师文化作为主流文化和成人文化的代表，对学生文化具有定向和指导作用。沃勒也认为，学校教学基本上是教师文化与学生文化交互作用的过程，没有良好的教师文化，很难产生合宜的教学，也就难造就良好的学生文化。

---

① 吴立德．班级社会学概论 [M]. 成都：四川大学出版社，1996：76.

② 谢维和．班级：社会组织还是初级群体 [J]. 教育研究，1998（11）.

班级是由学生组成的群体。学生并不以成人体验世界的方式体验世界，在某种程度上，学生以更小、更简单的概念去看待世界，“孩子们拥有可以被认为是他们自己文化的东西”①。因此，班级文化必然包含学生文化。“‘学生文化’就是指某个或某些学生群体在课堂、班级以及校外其他场所和情境中，具有的独特的行为规范、言语表达和价值观念所构成的生活方式。”②“作为一种生活方式，学生文化不是静止的、死寂的，它隐含于学生的生存实践之中，存在于学生日常活动、人际交往之中，渗透于课堂教学、仪式典礼等学校重要活动之中。”③因此，学生文化的形成既与学生的家庭背景、文化有关，也与个人的社会关系有关，更与学生群体的目标、规范、人际关系以及所在的非正式群体有密切联系。日本学者片冈德雄将学生文化分为：探求型文化、娱乐型文化、顺应型文化、顺应探求型文化。美国学者克拉克和特罗（M. Trow）将学生文化分为：学业型文化、娱乐型文化、职业型文化、非顺应型文化。④学生文化的多种类型，也反映了班级中学生亚群体的多样性。

四、规范文化与非规范文化

“从现代意义上来理解，所谓规范文化就是指在特定的历史时代，由占据统治地位的阶级或阶层规定或提倡所有社会成员都必须遵守和奉行的政治经济制度、社会准则、行为规范和价值信念体系。”⑤由此可推知，班级的规范文化是指班级中具有的与统治阶层价值取

---

① 厉以贤．西方教育社会学文选 [M]. 台北：五南图书出版公司，1992：413.

② 白芸．都市中学的学生文化 [M]. 济南：山东教育出版社，2006：191.

③ 张英慧，周霖．结构、文化与批判：当代学生文化研究的路径及其反思 [J]. 外国教育研究，2020（12）.

④ 郑金洲．教育文化学 [M]. 北京：人民教育出版社，2000：327.

⑤ 卞谦．规范文化与非规范文化初论 [J]. 社会科学家，1999（4）.

向相吻合的规范、价值、信仰和表意象征符号的复合体。规范文化主要以教育目标、课程、学生守则、教学组织、纪律、规范等形式而被明确规定下来。

“所谓非规范文化就是指在社会生活中实际上普遍流行且为特定社会群体所认可的非正式制度、非正式规则和价值信念。”[①]因此，班级的非规范文化主要是指那些在社会价值取向期待之外的部分。非规范文化主要包括一些习惯、惯例、风气、集体无意识行为等。

班级中的规范文化与非规范文化相互之间存在着许多不同的特征：

第一，从文化表现形式来看，班级中的规范文化主要形式是制度化、文本化的规范、守则和纪律等，非规范文化往往是一种非制度化和非文本化的“社会暗示”。

第二，从规范的实施来看，班级中的规范文化具有较强的约束性。规范一旦确立，就成为整个社会群体成员共同遵守的行为规则和标准。而非规范文化虽然也有一定的约束性，但与规范文化相比较弱，主要依靠群体内部的“舆论”监督。

第三，从价值体系来看，班级中的“规范文化代表着社会行为的正面形象和肯定性价值，因而其规则和规范是刚性的”[②]；然而非规范文化既含有与社会价值取向并不完全相抵触的成分，也含有反社会价值取向的成分。

五、个体文化与群体文化

班级是一个群体的存在，班级文化必然包括超越个体的群体文

---

① 卞谦．规范文化与非规范文化初论 [J]. 社会科学家，1999（4）.

② 同上．

化；但不可忽略的是，班级中还存在着学生在社会化过程中逐渐形成的个体文化。具体来说，群体文化是指学生在班级群体中，由于模仿、暗示、从众、认同等社会心理机制的作用，形成的较为一致的价值观念和行为方式。群体文化是学生特有的文化，是学生与之交往的特定群体所共有的文化特征。典型的群体文化是班级中的同伴文化。班级内的同伴影响要明显大于其他同伴的影响。[①] 与群体文化不同，"个体文化指学生个体以自然遗传素质为物质前提，在学校教育之下属于后天形成的知识、能力和思想信念体系" [②]。个体文化最大的特征是其个性化。在决定个性化的诸多因素中，年龄并非唯一的。智力、兴趣、个性、生活背景等微妙的差别，同样可以决定个体文化的产生。但是如果个体过分沉浸在自己的文化中，就容易忽略其他文化的存在，将自己区隔和孤立起来。

在班级中，群体文化与个体文化是相互作用、相互交织、相互融合的。"一方面，群体文化汇聚、交融着丰富多彩的个体文化，另一方面个体又在摄取群体文化中的养料，构建并发展富有个性的个体文化。" [③]

对班级中文化结构的解析，有利于我们更加清晰地认识到班级文化虽然作为学校文化中的一种亚文化，但其内部并不是整齐划一、高度一致的整体，班级文化内部仍然是多元的、丰富的，甚至冲突的。此外，这种结构解析也促使我们进一步思考如何更好地建设班级文化，促进班级文化功能的发挥。

---

① Mary A. Burke, Tim R. Sass. Classroom Peer Effects and Student Achievement [J]. Journal of Labor Economics, 2013, 31（1）.

② 吴立德 . 班级社会学概论 [M]. 成都：四川大学出版社，1996：75.

③ 同上 .

第三节　班级文化的社会功能

“文化一方面可以被视为行动的产物，另一方面可作为进一步行动的条件。”[①]班级文化在班级成员的互动中建构，同时作为一种“现实”影响群体成员的互动。关于班级文化，达尔克（Dahlke）明确指出文化具有三个方面作用：“文化是工具性的：人们从中选择做事的技术、达到目的的手段。文化是调节性的：人的行为和工具的使用受规则和条例的约束，受生活中该做和不该做的事的约束。规则和条例指定什么应该做或必须做。文化是指导性的：在文化中，每个人都能获得他最终的和直接的价值观、他对生活的解释、他为之奋斗的目标。文化行为是一种基于复杂评价的行为，即关于什么是好的或坏的、适当的或不适当的、有效的或低效的、充足的或不足的、美丽的或琐碎的、有价值的或无价值的、自由的或混乱的。因为文化现实是一种价值现实。”[②]基于达尔克对班级文化作用的阐释，我们同样从文化的工具性、调节性以及指导性功能三个方面来进一步阐述班级文化的社会功能。

一、班级文化的工具性功能

所谓班级文化的工具性功能，是指将班级文化作为实现班级其他目的的“条件”或者“手段”，或者说，我们“通过”班级文化所要达成的目标，而不是指班级文化本身价值的发挥。班级文化作为一种工具，这是其最直接的功能。

① Margaret A. Gallego, Michael Cole, etc. Classroom Cultures and Cultures in the Classroom. in Virginia Richardson. Handbook of Research on Teaching [M]. American Educational Research Association，2001: 952.

② 同上 .

（一）班级文化的凝聚功能

“社会凝聚力”作为一个社会学概念，可以追溯到法国社会学家埃米尔·涂尔干（Emile Durkheim）。涂尔干将社会凝聚力定义为“社会成员之间的依赖、忠诚和团结的程度”，将其作为一个社会的秩序的象征。同样，班级并不是一个群体的松散聚合，班级凝聚力也始终是班级建设追求的目标。在这个过程中，班级文化一直作为班级凝聚力提升不可或缺的工具。班级文化作为班级群体集体认同的价值观，也是班级中每一个个体情感上的认同。因此，班级文化赋予班级参与者一种特殊的情感力量。这种共同的情感调动了班级成员的能动性、积极性和创造性，促使班级成员对班集体发挥主人翁精神，自觉维护班级形象和荣誉，将班级群体凝聚成稳定的集体。同时，班级文化作为一种集体认同的价值体系，意味着个体因为认同而愿意放弃自身与集体价值体系相矛盾的价值认识，进而维护了集体的团结。在这个意义上，班级文化协调、整合班级中各个个体的力量，从而强化为一个集体。“文化是一种社会容器，具有整合社会、防止社会解体的功能。”[①]除此之外，班级文化的凝聚功能还体现在其作为班级成员互动的“黏合剂”上。班级成员分享共同的班级文化，促使了班级中的个体愿意打破自身“安全”边界，进行更加自由和开放的交流互动。“文化如同生理皮肤一样，保护着人类社会及其个体，寸步不离，拥有包容性、完整性和安全性。”[②]频繁的交流和沟通能够有效地消除个体之间的误解，增进理解，促使班级成员从群体凝聚为“共同体”。

① 张东娇.学校隐性文化发生机制与管理手段[J].教育科学，2022（3）.

② 同上.

（二）班级文化的秩序功能

“任何一个社会都存在着自身独特的秩序，秩序是维持各个事项稳步发展的重要前提和保证，它总是通过制约和规范人们的行为，使得人们的生活达到有序而发展的状态。”[①] 班级作为一位教师与一群学生组成的现代最具有代表性的教学组织形式，对教学效率有执着的追求。为了提升教学效率，秩序同样是班级管理和建设的重点。但是秩序不会自然产生，在此背景下，班级文化被用作维持秩序的工具。班级文化的秩序功能首先体现为其作为班级规范的作用。在班级生活中，班级中的每个成员无时无刻不处在与其他人的联系和互动之中，而这需要一定的规则指导。俗话说：不以规矩，不成方圆。班级成员的人际交往，需要以大家共同认可的规范作为标准。通过班级的制度、班级的规章以及一些约定俗成的班级集体习惯等规范体系，强化班级成员的集体意识，约束班级成员的个体行为，进而达到对秩序的追求。其次，班级文化的秩序功能还体现在非规范文化对个体行为的约束。班级中非制度化的“社会暗示”、班级的氛围、班级的风气虽然并不像制度化的规章对个体行为具有清晰的要求，但通过班级的风气和氛围传导的群体压力对个体的行为同样具有明显的控制作用。所谓的秩序就等同于“在控制中”。班级文化通过目标控制、实践控制、交往控制等途径实现对秩序的追求。

（三）班级文化的规训功能

福柯（Michel Foucault）认为，学校场域是一个特殊的权力场域。同样，班级也是一个微观的权力场域。在这个意义上，班级文化既是实现班级秩序的手段，也是微观权力对班级成员规训的工具。在

① 栾广君．现代公共生活秩序重构与发展 [J]. 人民论坛，2016（8）.

班级场域中，班级文化的规训功能主要表现在两个方面。第一，就内在影响而言，班级文化的规训主要通过班级文化具有的教育性权力表现出来。班级文化并非通过强制性的权力维系，而是以群体的认同为基础，因此班级文化很大程度上并不是依靠权力强迫班级成员遵守，而是班级群体成员的主动服从。班级文化因为群体认同而产生，同时因为认同而内化为群体成员的行为指南。第二，班级文化形塑了个体的行为“惯习”。惯习，是班级学生在班级日常交往中逐步积淀形成的性情和习惯系统，具有相对的稳定性和显著的个性。[①] 惯习以一种无意识的方式运作，是班级成员从班级的文化氛围中获取的，是将班级文化内化为一种行为或思维模式的结果。换句话说，班级中的个体虽然受到这种文化的支配和制约，却浑然不觉、习以为常，个体意识不到这样的控制，感觉理所当然。这是微观权力以文化作为工具展现自身最为隐蔽的手段。

二、班级文化的调节性功能

班级是一个特殊的社会群体，群体的成员因为各自的家庭背景、生活习惯、需求、利益等方面的差异，难免在群体生活中出现矛盾，甚至冲突。解决矛盾的唯一出路就是对群体内的成员关系进行调节。在多种调节手段中，班级文化具有不可替代的作用。班级文化作为班级生活的调节器，对其成员行为具有调节功能，指引个体感受班级环境、学校变革以及更大范围的社会环境的变化，进而调整个体的行为模式。班级文化调节实际上是利用思想、信念、道德、心理、情感等文化因素来影响班级的人际关系，使班级成员关系向着健康和良序的方向发展。

---

① 张祥兰 . 班级文化场域建构：价值选择与关系调适 [J]. 中国教育学刊，2016（8）.

首先，班级文化是班级人际关系的“润滑剂”。班级文化是班级成员共同创造的群体文化，能够最大限度地体现出他们共同的理想和追求，共同的心理意识、价值观念和文化习性。[①]这些班级成员共同认可的价值观不但能够帮助班级中的成员树立正确的价值观，而且能够引导班级成员形成解决班级中各种矛盾和冲突的新认识和处理成员关系的新方法。因为“两个有机体越是相似，就越容易产生激烈的竞争。正因为它们有着同样的需要，追求着同样的目标，所以他们每时每刻都陷入一种相互敌视的状态中”[②]。而如果班级倡导一种相互支持和彼此成就的文化来调节同伴关系，那么班级成员之间的矛盾和冲突就会明显减少。另外，班级是学校文化传播的主阵地，班级文化传播学校文化的主流价值。学校的主流文化具有强势的导向功能，统摄班级的多种文化样态，促进班级的个体在思想和行为上更加符合主流文化价值观的要求。在一定程度上，班级文化通过在文化上减少差异，进而减少矛盾，调节班级成员的关系。

其次，班级文化调整和修正班级成员的行为。文化作为一种班级氛围，创设一种班级的风气，倡导一种共同的追求。在此基础上，班级文化帮助学生自觉地正确区分和选择在班级的场域中哪些是对的、哪些是错的，哪些应该做、哪些不应该做，进而引导班级成员形成正确的价值观念和道德评价标准，使其按照班级文化倡导的价值取向去处理同学关系和师生关系等。苏霍姆林斯基指出，集体的道德品质是个人道德品质的源泉，在一个具有优良道德品质的集体

---

① 鲁洁．教育社会学 [M]. 北京：人民教育出版社，2001：403.

② [法] 埃米尔·涂尔干．社会分工论 [M]. 渠东，译．北京：生活·读书·新知三联书店，2013：223.

里，儿童会自觉地努力向上，争取做好学生。① 在这个意义上，班级的集体文化提供了个体行为的标准，促使个体在班级中调整和修正自己的行为。

最后，班级文化作为一种班级环境，引导班级成员过一种积极健康的生活。“文化就是过日子的方式，人人都希望过一种安全、舒适、美好的生活。”② 因此，班级文化直接影响班级成员的生活质量。“良好的班级环境有助于他们获得愉快的学习、生活经历，而这些积极的学习生活经历无疑会促使他们对学业做出积极的认知、体验和评价。”③ 不仅如此，在班级环境中，良好班级文化所倡导的价值观会逐渐内化为个体的认识，丰富学生的内心，塑造学生的思想观念，进而使学生在班级微环境中过一种“气质从容、举止优雅、内容完整、精神健康”④ 的班级生活。在这个意义上，班级文化通过调节班级成员个体的思想和心理，进而调整班级成员的关系，实现班级整体的和谐。

三、班级文化的指导性功能

班级不只是学校的管理单元，也是学生的生活场所，更是学生成长和发展的空间。也就是说，学生的生活和发展始终沉浸在班级文化之中。班级文化无处不在，时时刻刻形塑着班级中的个体，指导班级成员对个体自身的认知和建构。班级文化满足个体的成长和发展需要。正如纽康姆指出的那样，“一个人所属于一个集体，在

① [苏] 瓦·阿·苏霍姆林斯基. 要相信孩子 [M]. 王家驹，译. 北京：教育科学出版社，1981：16.

② 张东娇. 学校隐性文化发生机制与管理手段 [J]. 教育科学，2022（3）.

③ 赵小云，等. 中学生的班级环境、学业自我与学业求助的关系 [J]. 心理学探新，2010（5）.

④ 张东娇. 学校隐性文化发生机制与管理手段 [J]. 教育科学，2022（3）.

那个集体中他能得到什么样的满足”① 最为重要。

首先，班级文化指导个体的社会化过程。

在学生成长的过程中，他们强烈希望有一个参照标准来认识自己，希望在自我探索的过程中获得一个有力的支持。班级的同伴恰恰为个体提供了这样一个参照，满足个体认识自己、认识自己生活的需求。在班级同伴平等的交流互动中，个体不仅在外显特征（比如穿着样式、语言表达方式、行为方式等方面），同时也在价值取向、交往准则等方面进行比较，进而获得“一致”或“不一致”，以及“哪些方面一致”“哪些方面不一致”的结果。根据这些比较结果，个体会重新反思自身，重新审视自己的生活。在这个过程中，班级文化始终指导个体在面对“不一致”“哪些方面不一致”时，形成正确的认识，做出正确的选择，构建自己健康的教育生活。班级文化互动过程中的社会化模式是个体社会化的土壤，或者说“个体的社会化必须在班级文化的互动中实现”②。

其次，班级文化指导个体形成自己的价值观。

对于学生而言，班级是他们形成价值观和人生观的重要环境。班级文化内含着学校、社会、家长对孩子品质与行为的价值期待，呈现了学校教育的价值观念。同时，班级文化还是班级成员认同的价值观，直接指导班级成员的人际交往，形塑他们的认识和思想。“价值的重建有赖于习惯的形成，而习惯又大都是在各种各样的礼仪、程式中形成的。”③ 班级成员生活和学习在班级各种文化活动中，班级文化潜移默化地参与了班级中个体价值观的构建，班级成员也自

---

① [日]片冈德雄．班级社会学[M]．贺晓星，译．北京：北京教育出版社，1993：74.

② 徐平利．试从“班级准社会”的视角看班级文化建设[J]．教育导刊，2004（10）.

③ 朱小蔓，等．尊重价值观学习特性及学习者——论中学生社会主义核心价值观教育[J]．中国教育学刊，2016（3）.

然而然地将班级文化内化为自己的价值观念。另外，班级文化也促使个体不断与群体内的其他个体进行比较，使个体在与其他成员保持区别中，进一步明确自我身份以及自我的个性，进而构建自己独特的价值观。

最后，班级文化指导个体建构自己的目标。

学生要获得教育上的成功通常需要设置学业目标且有追求长远目标的抱负。学生的目标会随着学校的差异和班级文化背景而变化。班级如同一个巨大的磁场，学生的情感体验、为人处世的态度以及个体发展的目标都时刻受到班级文化的影响。班级的主流文化不仅是班级文化中的主导力量，更是一种"引领"力量。因为班级文化作为一种主流的价值追求、作为班级成员认可的共同的追求，具有强大的吸引力，引导班级成员在班级文化背景下去思索和构建个体的成长和发展目标。不仅如此，作为班级文化的班级目标应该包括和满足学生的需要和愿望，使学生的目标得以在班级中实现。这意味着应该尽量使个体目标与班级目标趋于统一。班级目标应该指导个体目标的确立。另外，从本质上讲，文化是一个创造的过程，班级文化还为每个班级成员提供了文化创造的空间，提供了文化活动的背景以及进行活动的支持，从而激发和调动了班级中每个成员高昂的情绪和精神，使其充分发挥参与班级活动的主动性、积极性和创造性，投入自己的学生生活中，为构建和实现自己的目标而努力。

第八章

班级中的冲突

冲突是一种普遍存在的社会现象。它虽然是很少有人喜欢的事情，却也是人们必须处理的现实。韦伯（Max Weber）甚至坚持认为："冲突不可能被排除在社会生活之外……'和平'无非是冲突形式、对立或冲突对象的变化，或最终是选择机遇的变化。"[①]库利（Charles H. Cooley）也认为，人们越是深入探讨，就会越清楚地看到冲突与合作是不可分割的，而且一个过程的每个阶段总是包含这两方面的内容。[②]因此，在班级中，冲突也是生活的一部分，班级成员之间在互动过程中，其想法、理论、信息、观点、意见和偏好之间的冲突是不可避免的。

第一节　班级中冲突的定义和特征

虽然大多数人可以很容易识别出班级成员是否处于冲突中，但冲突的概念却不容易定义。冲突一词字面理解就是"矛盾、对立或

① [美]L. 科塞. 社会冲突的功能[M]. 孙立平，等译. 北京：华夏出版社，1989：7.

② C. H. Cooley. Social Process [M]. New York: Scribner's Sons, 1918: 39.

不协调”。“冲突”作为社会生活中普遍存在于各个领域的一种自然的、不可避免的现象，小到个体间的情绪抵触，大到组织间的争议，早已受到关注。不仅如此，“冲突”作为社会学、心理学以及管理学研究的重要主题，学者们给予了“冲突”不同的解释。通过这些存有差异的解释，我们逐步理解了冲突的概念，并把握其共有的概念内核。

德国社会学家齐美尔（Georg Simmel）较早地关注了冲突问题，他认为冲突是两个或两个以上的个人或群体相互对立的互动形式，因此将冲突归为形式社会学分析的对象。

美国著名的社会学家、社会冲突理论的主要代表人物之一科塞（Lewis Coser）在其《社会冲突的功能》一书中，将社会冲突定义为：“将冲突看作是有关价值、对稀有地位的要求、权力和资源的斗争，在这种斗争中，对立双方的目的是要破坏以至伤害对方”，冲突的结果也一定是一方获得该种资源，另一方损失掉该种资源。[①]

社会学家乔纳森·特纳认为：“冲突是两方之间公开与直接的互动，在冲突中每一方的行动都是意在禁止对方达到目标。”[②]

社会学家克林顿·芬克（Clinton F. Fink）对冲突的概念做了进一步的展开，他重申冲突存在于社会情境的方方面面，它不仅包括目标和利益的对立，有时也包括感情上的敌对及观点上的否决等。具体包含了“不一致的目标、各自专有的利益、感情上的敌意、异议、暴力斗争以及有节制的相互干涉”[③]。

① [美]L. 科塞 . 社会冲突的功能 [M]. 孙立平，等译 . 北京：华夏出版社，1989：前言 1–2.

② [美] 乔纳森·H. 特纳 . 社会学理论的结构 [M]. 吴曲辉，等译 . 杭州：浙江人民出版社，1987：212.

③ 同上，211.

社会学家达伦多夫（Ralf G. Dahrendorf）认为，冲突是一切从结构上产生出来的规范与期望、制度和群体的对立关系。①

心理学家雷文认为冲突是由于实际的或希望的反应的互不兼容性而产生的两个或多个社会成员之间的紧张程度。

心理学家琼斯认为冲突是一个人被驱动去做两个或更多个互不兼容的反应时所处的状态。

心理学家托马斯认为冲突是起始于参与者觉察到他人侵害或准备侵害自身利益的一个过程。

国内社会心理学者周晓虹认为冲突是人与人或群体之间为了某种目标或价值观念而相互斗争、压制、破坏甚至消灭对方的方式或过程。

组织行为学家罗宾斯（Stephen P. Robbins）把冲突定义为：当一方感觉对方对自己关心的事情产生或将要产生不利影响时随之产生的一个过程。它描述了从互动变成相互冲突所进行的各种活动，包括人们在组织中经历的各种冲突——目标不一致、对事实的解读存在分歧、对行为预期的不一致等。②

由以上定义可以看出，虽然对冲突的定义在社会学、心理学以及管理学等学科中存在着差异，但是学者们却近乎一致地认为“冲突的目的就在于阻碍对方实现目标”。当一项活动干扰了一个人或群体满足欲望、需求或兴趣以及目标时，冲突就发生了。冲突存在于社会情境的方方面面，每当发生不相容的活动时，冲突就存在。因此，所谓班级中的冲突，是指在班级情境中，班级成员之间或群

---

① [美]乔纳森·H. 特纳 . 社会学理论的结构 [M]. 吴曲辉，等译 . 杭州：浙江人民出版社，1987：211.

② [美]斯蒂芬·P. 罗宾斯，[美]蒂莫西·A. 贾奇 . 组织行为学 [M]. 孙健敏，等译 . 北京：中国人民大学出版社，2016：352.

体之间为了某种目标或价值观念而出现的不相容的活动。

班级情境的特殊性，使得班级中的冲突呈现出明显的特点，具体来说，主要表现在以下几点：

（1）不可避免性。

从现代组织理论的视角来看，冲突是现代组织一个重要特征，任何组织都避免不了冲突，班级也不例外。班级本身蕴含了诸多冲突的潜在因素。美国教育社会学家沃勒认为：教师和学生在有着原发性期望冲突的学校中相逢。尽管这些冲突的总量在大幅度地减少，而且许多冲突是深深地隐藏着的，但冲突仍然存在着。① 不仅如此，在班级日常生活中，班级成员之间的差异性、多样性以及频繁的互动性决定了冲突存在的普遍性。因为冲突往往源于对这种多样性缺乏理解和接受。另外，班级成员还受到权力分配、奖惩制度、物质分配等因素的影响，这些也会导致冲突的发生。因此，班级情境中，多种因素促使学生之间、教师和学生之间产生各种无法避免的冲突。

（2）动态性。

冲突是一个过程，这意味着它不是静态的，而是动态的。冲突本身是班级成员之间的互动过程，而不仅是一种关系、行为、方式或者状态。罗宾斯等将冲突过程划分为五个阶段：潜力的对立或失调、认知和人格化、行为意向、行为、结果。② 庞蒂将冲突形成过程划分为潜伏、知觉、感受、外显和结果五个阶段；托马斯将冲突过程划分为挫折期、认知期、行为期和结果期；齐美尔认为冲突是一个追求平衡的螺旋上升的过程；普鲁特和金盛熙也描述性地分析了冲突

---

① [美]威拉德·沃勒.制度化的领导——教导//厉以贤，主编.西方教育社会学文集[M].台北：五南图书出版社，1992：595.

② [美]斯蒂芬·P.罗宾斯，[美]蒂莫西·A.贾奇.组织行为学[M].孙健敏，等译.北京：中国人民大学出版社，2016：355.

螺旋上升的过程。[①]这些对冲突过程的分析，充分说明了冲突是一个动态演变的过程。

（3）多样性。

根据各种关于冲突的解释可知，班级冲突所包括的范围可以看作一个轻微的不满意到极端的暴力冲突的连续体。在连续体的最左端是隐藏的不满，然后是轻微的不满，再到争议，再到争吵、争夺，等等，在连续体的最右端则是极端的暴力冲突。班级中的大部分冲突是处于一种比较温和、非暴力的连续区间中，甚至主要以成员之间情绪排斥、情感对立、思想隔阂等隐性方式来表达。但是从隐性冲突到显性冲突，从轻微的冲突到严重冲突，充分凸显了班级中冲突的多样性。

（4）可调和性。

虽然冲突表现为从温和到激烈的多样性，但是在班级场域中，班级人际冲突常常表现为人与人的隐性冲突，具有可调和性。班级并不是一个冷冰冰的组织，而是一个充满温度和情感的群体，“情感是班级组织中师生之间、生生之间的纽带”。因此，班级中成员之间的情感，可以成为调和班级中冲突的力量。另外，班主任作为班级中的特殊一员，被赋予调和班级冲突的责任，帮助班级成员建立良好的人际关系。班主任有责任及时发现班级中存在的潜在冲突，调和、解决班级中的冲突。

第二节　班级中冲突的类型

班级中的冲突由于条件、情境的不同而类型各异，有显性的，

---

① 杨立华，等．“公共均衡与非均衡”冲突新理论 [J]. 中国社会科学，2019（11）．

也有隐性的；有建设性的，也有破坏性的。科塞在《社会冲突的功能》一书中将冲突分类为：群体内的冲突与群体外的冲突，核心价值的冲突与表面性的冲突，结构性变迁的冲突与“安全阀”制度中的冲突，松散关系中的冲突与紧密关系中的冲突，现实性冲突与非现实性冲突。这些冲突的分类意味着虽然冲突都有着共同的内核，但是每一种冲突类型又有其独特的特点。根据冲突的具体情境、表现形式和发展顺序等特点，我们可以进一步将班级中的冲突进行分类。

一、按照表现形式划分

（1）情感冲突（affective conflict）：是指两个人或一群人之间存在情感上的不相容性。在班级中，学生因伤害彼此的感情而发生冲突，而当情感冲突发生时，班级成员通常缺乏相处的机会和时间。班级中学生的情绪状态是敏感而不可预测的，所以避免情感冲突有时是很难的。

（2）认知冲突（cognitive conflict）：主要涉及意见的显著差异或分歧。当人们争论做某事或想法的最佳方式时，通常会涉及认知冲突。许多冲突从认知开始，但是很快就会演变成情感冲突。一般来说，认知冲突并不常见，因为人们在冲突中往往更多地依靠自己的情绪而不是智力能力。因为人们经常用“我感觉”来代替“我认为”。

（3）行为冲突（behavioral conflict）：是指一个人或团体的行为冒犯了另一个人或团体而发生的冲突。学生在班级中的交谈可能会导致与教师的行为冲突。与情感冲突一样，行为冲突也是不可预测的。

（4）目标冲突（goal conflict）：是指希望获得不同结果的群体可能会产生重大分歧。当人们为实现不同的目标而争吵时，就会发生目标冲突。例如，在班级中男同学与女同学的比赛，一般情况下双方的目标很难达成一致。

这些不同类型的冲突在班级中经常是相互关联和不断转化的。例如，某位学生在班级中大声说话，打扰其他同学，就可能与同学以及老师发生行为冲突。在发生行为冲突的过程中，学生和教师可能会生气、发怒，引发情感冲突。进一步发展，教师希望学生安静下来，其他学生希望解决问题，这时目标冲突就可能发生。而教师指出学生的错误，学生则认为自己没有犯错误，这就发生了认知冲突。

二、按照冲突的性质划分 ①

赫内瓦·盖伊认为，当具有不同目标、价值观、态度和行为模式的个人和群体生活和学习在一起，就会产生班级冲突。

（1）程序冲突（procedural conflict）：是指对要达到某个既定目标的行动方针的分歧，包括是否遵循既定的协议来完成某件事情。在班级中，主要涉及班级成员是否遵循班级的相关规定和条例，按照一定的步骤来展开学习和生活。

（2）实质冲突（substantive conflict）：所谓实质性是指事物的本质特征，实质性冲突源于不相容的目标。在班级中，实质性冲突主要发生在班级教学中，当学生和教师的学术目标和期望不同时，就发生了一种实质性的冲突。

（3）人际冲突（interpersonal conflict）：是在特定环境下发生在个体之间关系中的社会行为。班级中的人际冲突主要源于班级成员之间不同的价值观、信念、态度、认知和不良行为。

① R. H. Sheets. Urban Classroom Conflict: Student-Teacher Perception: Ethnic Integrity, Solidarity, and Resistance [J]. Urban Review, 1996, 28（2）.

在这三种冲突中，人际冲突是最重要的，对班级成员的影响也最大。它需要人运用很大的精神、社会和心理精力去处理，因此班级人际冲突被认为是班级冲突中最主要的形式，也是班级人际关系的一种表现形式。依据班级中的人际冲突主体的不同，班级人际冲突可以分为师生冲突、生生冲突、师师冲突，其中生生冲突与师生冲突是常见的班级人际冲突。从呈现形态来看，班级人际冲突又可以分为班级的显性人际冲突与隐性人际冲突。冲突双方或其中一方直接用行为表达冲突为显性人际冲突，而在“心理上和情感上的不相容”则为隐性人际冲突。

三、按照冲突的客观状态和冲突各方所感知的事态之间的关系划分①

（1）真实的冲突（veridical conflict）。这种类型的冲突是客观存在的，是被准确感知的。它不取决于环境的某些容易改变的特征。因此，如果班级成员因为利益发生冲突，而双方又没有很好的办法解决，那么他们之间就有一个“真实的冲突”。

（2）偶发冲突（contingent conflict）。这种类型冲突的出现取决于随时重置的环境，但是冲突各方都没有认识到这一点。如果能够认识并获得解决“冲突”的替代资源，那么偶发冲突就会消失。只有当冲突各方由于认识和解决问题的资源不足或情绪过度紧张而观点狭隘、僵化时，偶发冲突才难以解决。

（3）错位的冲突（displaced conflict）。这种类型的冲突是指冲突各方是在为错误的事情而争论。被经历的冲突是明显的冲突，没

① M. Deutsch. The Resolution of Conflict: Constructive and Destructive Processes [J]. Teachers College Record, 1974, 76.

有被直接强调和表达的冲突是潜在的冲突。或者说，明显的冲突可能只是反映了冲突各方之间因未解决的潜在冲突而产生的普遍烦躁和紧张，这被称为错位的冲突。例如，教师与学生表面上关于班级秩序的冲突，实质上是因为班级成绩下降的潜在冲突。

（4）错误归因的冲突（misattributed conflict）。这种类型的冲突发生在错误的问题上，因为对事情发生的原因认识错误而导致冲突。例如，班级秩序的混乱，归因于新转来的学生破坏了班级风气，而不是班级规章制度和纪律执行的不到位，进而引发的冲突。

（5）潜在的冲突（latent conflict）。这是一个应该发生而没有发生的冲突。一个人可能以无意识的方式经历了一场冲突，这个冲突可能已经被压抑、转移或者因为它在心理上还不存在。潜在的冲突因为某种因素的激化，可能转化为真实的冲突。

（6）虚假的冲突（false conflict）。这是没有客观依据的冲突，这种冲突总是意味着误解。当然，一场冲突可能一开始是虚假的，却引出了新的动机和态度，将其转变为真正的冲突。班级中存在着很多因为信息传递失误以及沟通不畅存在的误解。在一定意义上，这种误解造成的虚假的冲突可能普遍存在。

需要强调的是，这六种冲突并非互相排斥，错位的冲突和错误归因的冲突之所以存在，是因为还有未被承认的或潜在的冲突。另外，在任何特定的冲突中，冲突各方之间的相互作用可能将冲突从一种类型转变为另一种类型。不仅如此，一个真实存在的冲突可能也是十分复杂的，涉及几个问题或几个当事方。

四、按照班级冲突的来源划分[①]

（1）人际冲突（interpersonal conflict）。班级是教学的空间，教学是一种非常个人的行为。教师经常以传统的权力行动来应对学生对权威的挑战，这通常会导致教师与学生之间的冲突。同样，班级也是学习的空间，学习也是一种强烈的个人行为，如果要学习，学生必须在学习过程中发挥积极作用，因此，学习失败往往代表学生个人的失败。当教学的个人性质和学习的个人利害关系相结合时，人际冲突的可能性就大大提高了。除此之外，当教师质疑班级中的现存稀缺资源分配的合法性，或者当学生在班级中相对剥夺感与不公正感上升时，就有可能引发教师与学生之间的人际冲突。

（2）学术冲突（academic conflict）。由于学术内容是学校教育的核心，因此班级成员在学术问题上发生冲突的可能性很大。这些冲突往往与所教的内容和如何教有关。在传统的班级教学中，学生实际上对他们将要学习的内容和如何学习无能为力。学术冲突是这种现状的自然副产品，破坏和反抗的行为成为对这种权力缺乏的抗议。沃勒认为，课堂教学中的对抗，是一种必然的现象。教师代表成人社会，与儿童自发性生活欲望是相对的。教师希望把学生当作一种材料加以雕饰，而学生希望用自己的方式自动求知。[②]另外，学生还要接受标准化的考试，成绩成为对学生进行比较和标签化的工具。除此之外，授课方式、教学风格等会在很多方面引起冲突。

---

① R. R. Powell, H. J. McLaughlin, T. V. Savage, S. Zehm. Classroom Management: Perspectives on the Social Curriculum [M]. Upper Saddle River, NJ: Merril/Prentice-Hall, 2001.

② 吴康宁，主编 . 课堂教学社会学 [M]. 南京：南京师范大学出版社，1999：169.

（3）文化冲突（cultural conflict）。我们都是文化和社会背景的产物。我们做出的某些假设，有根深蒂固的态度。我们都有意或无意地对他人歧视。在班级场域中，这种歧视可能基于地位、文化或性别。当个人认为他们的文化受到歧视或者不公平的对待时，冲突就会出现。例如，学生群体的亚文化与主流文化，教师文化与学生文化之间都可能发生冲突。再例如，当要求学生识别一年中树叶从树上掉落的季节时，一个生活在几乎没有季节变化，很少有树木落叶地区的学生就会遇到文化上的偏见，这种偏见往往会引发冲突。

（4）社会政治冲突（sociopolitical conflict）。学校和班级不能脱离社会，而是社会的一部分。班级成员不能忽视班级外的社会现实，社会中的各种潮流同样在班级中得到反映。如果社会中存在着偏见和歧视，那么在班级中也会存在。社会中的家庭解体、疏离感、无力感、失业等状况都会对班级中的学生行为产生影响。例如，当学生发现自己身处一个似乎不关心他们的社会时，学生就丧失了表达自己担忧的机会，也不会觉得自己能有所作为。这种无力感还会延伸到学校，延伸到班级，学生在班级中也几乎没有发言权。这时，教师就会成为他们方便攻击的目标，他们会把自己的不满发泄到教师身上，进而产生冲突。

了解和厘清班级中冲突的类型，并不仅仅是为了呈现班级冲突的多样性；更重要的是，通过类型的划分，我们能够发现导致冲突的来源以及冲突产生的影响，进而更好地调解冲突和进行富有成效的班级管理。因为班级冲突的来源从来不是单一的，多个因素都可能导致冲突；而且每个班级的冲突来源都会有所不同，因为学生拥有不同的文化背景、不同的家庭环境，这种广泛的多样性导致班级中多种类型的矛盾和冲突同时存在。

第三节　班级中冲突的功能

冲突，一直被认为是病态、非正常的现象。因为伴随冲突而来的是压力，紧张，系统的失调紊乱，秩序上的混乱、危机、破坏，等等。但冲突社会学研究表明，从客观结果看，冲突也具有积极的意义，冲突促进了社会团结、组织的稳定以及新规范的建立。不仅如此，帕克（Robert E. Park）认为："只有存在冲突的地方才有行为意识和自我意识，只有在这样的地方才有理性行为的条件。"因此，单纯地强调冲突的积极功能或一味地强调冲突的消极作用都是不恰当的。

首先，正确看待班级中的冲突现象。应该把冲突视为与"和谐"一样的班级中社会互动交往的基本形式之一。齐美尔就指出：没有冲突不能作为关系稳定和牢固的标志。稳定的关系可能以冲突行为为特征。冲突并不是班级生活中出现的意外或例外，不是正常状态的过渡和打断，而是不可避免和长期存在的现象。"如果人们之间的每一种互动都是一种交往，那么，冲突——它毕竟是最具活力的互动之一，而且独自一人是不能做成冲突的——必定被视为一种交往。"①

其次，客观看待班级中冲突的功能。冲突的积极功能和消极功能都是客观存在的，但是具体厘清哪些冲突具有积极作用，哪些冲突具有破坏的效果，却是一件困难的事。特纳就认为，研究冲突的功能（结果）要比研究冲突的原因困难得多。冲突的积极和消极功能是与冲突双方的态度、是否有一个较完善和健全的整合机制以及冲突的频度和烈度密切相关的。

---

① 于海．西方社会思想史（第 3 版）[M]. 上海：复旦大学出版社，2010：293.

一、班级中冲突的正向功能

班级中冲突的正向功能主要体现在促进班级稳定和班级整合两个方面。但是这种正向功能的实现是有条件的。齐美尔认为当冲突是经常的且低烈度和低暴力性的，当冲突发生在一个高度相互依赖性的体系中时，这些冲突释放了紧张并变得正常，从而提高了系统的稳定性。

具体来说，首先，冲突承担作为班级“安全阀”的功能。齐美尔提出了关于冲突的“安全阀”理论，德国人类学家舒尔茨（H. Schurtz）提出了“排气孔”的概念，科塞对冲突的“安全阀”功能进行了系统的分析。“安全阀”如同蒸汽锅炉的“减压阀”，随时可以把体内的“超压”蒸汽排放出去。“如果没有发泄互相之间的敌意和发表不同意见的渠道，群体成员就会感到不堪重负，也许会用逃避的手段做出反应。通过释放被封闭的敌对情绪，冲突可以起维护关系的作用。”① 就班级中的冲突而言，轻微而可控的冲突，不仅不会破坏班级的秩序，反而起到释放班级成员负面情绪、缓解心理紧张的功能，具有建设性的意义。如果失去了这一“安全阀”的机制，越来越多的敌对情绪就会上升为一种执念，最终诉诸行动，可能造成更加激烈的、不可控的冲突。在科塞看来，社会系统不但不应该压制这种具有“安全阀”作用的冲突，还应该提供排泄敌对和进攻型情绪的制度。“这些制度提供敌对情绪的替代目标以及发泄的手段。通过这些安全阀，敌意不致于指向原初的目标。”② 简而言之，冲突作为班级的“安全阀”，缓和班级成员的负面情绪，避免了更大规模、更为激烈的冲突。

---

① [美]L. 科塞 . 社会冲突的功能 [M]. 孙立平，等译 . 北京：华夏出版社，1989：33.

② 同上 .

其次，冲突有利于班级新规范的建立。冲突造成了一种部分或全部不受规则或规范约束的环境，这为新规则、新规范的建立创设了条件。在某种意义上，冲突就意味着打破。因为原有的规范不能满足不同群体的需求，不能调整不同群体的关系，才会导致在原有的规范指导下仍然产生冲突。冲突的解决，依赖对旧规范的改进或者新规范的建立，也就是“在条件成熟的时候使这些具有积极的整合作用的东西以规范的形式确定下来，保证冲突各方的权利和义务维持一定的平衡态，并且使新的问题和矛盾在有章可循的框架下更易于解决”①。因此，齐美尔就主张冲突通常发生在一个共同的规范和规则范围内，它导致了这种规范、规则的建立和扩展。另外，在冲突之前，冲突双方往往不太确定其对手的处境，而冲突可以清楚界定冲突双方的处境和相互之间的界线，进而更好地决定与其对手有关的、恰当的路线。这是提升班级关系和重建班级新规范的基础。所以说，“冲突使现存的规范复兴，又创造了竞争者赖以进行斗争的新的规范框架”②。

再次，冲突使问题充分暴露。班级成员之间的交往总会存在着这样或那样的问题，这些问题或因认识上的盲点，或因班级管理秩序的需要，未能转化和表现为冲突，于是问题被遮蔽、被忽视。在冲突中，冲突双方传递的信息是不加伪装的、彼此敞露真实的信息。在处理冲突中，冲突双方的观点都得到充分的表达，有利于厘清冲突的焦点，发现引起问题的根本原因。因此，在这个意义上，冲突的过程，也是问题暴露的过程。杜威有句名言：人们并不是有靶子就射击，而是把靶子立起来，以便投射得更有效，更具有重要性。

---

① 陈振中 . 论教育冲突的功能 [J]. 教育评论，2001（1）.

② [美]L. 科塞 . 社会冲突的功能 [M]. 孙立平，等译 . 北京：华夏出版社，1989：110.

这句话同样适用于问题解决。当问题发展成为冲突时，意味着问题可能被充分展现出来，这给了我们较为彻底的解决问题的可能。因此，冲突是问题发展到一定阶段和程度的信号，也是问题进入必须解决进程的开始。

最后，冲突有利于班级的整合。儿童心理学家们已经指出，竞争或冲突是孩子们建立某种关系的经常途径。在起初为玩具而发生争吵以后，这些先前不相识的孩子们可能带着友好合作的态度在一起玩耍。一个在冲突关系中得到了考验的孩子，现在成为一个玩耍的伙伴，因为起初是敌意的互动常常导致后来友好的互动，冲突成为一种检验和了解陌生人的手段，正所谓不打不成交。① 正是在这个意义上，冲突成为班级成员社会互动交往的一种行为，“一旦关系通过冲突而建立起来，其他类型的联系可能随之而来”。冲突成为促进班级成员之间加强联系、构建关系的路径，同时冲突也作为“关系稳定指标”。不仅如此，冲突唤醒了班级成员对班级中潜在规范和规则的自觉。因为冲突唤醒了人们对规则破坏后果的意识，从而促进了班级中团结意识的复苏和维持。也就是说，冲突使得人们充分意识到团结的重要性。冲突提供了加强班级团结和整合的一个重要契机。若没有冲突发生，那些指导班级行为的准则就如同不存在一样，冲突的发生不仅使冲突双方，而且使班级其他成员产生了遵守班级规范和准则的意识。

① [美]L. 科塞. 社会冲突的功能 [M]. 孙立平，等译. 北京：华夏出版社，1989：107–108.

二、班级中冲突的负向功能

虽然班级中温和的冲突可能有利于班级社会组织结构稳定和班级中社会的整合，但是当齐美尔等所述的条件得不到满足时，冲突对班级的负向功能也是显而易见的。冲突存在的正向功能并不能掩盖冲突对班级的破坏作用。具体来说，班级中冲突的负向功能主要集中在以下几个方面。

第一，冲突导致班级中学生的分裂。无论是认知冲突，还是情感冲突，无论是隐性冲突，还是显性冲突，冲突总是很少有人喜欢的现实。因为冲突首先带来了不愉悦的感觉，甚至造成了厌恶和不满。这种情绪、情感的不愉悦容易导致学生彼此疏远，以致学生之间沟通减少，相关信息被隐藏。班级是一个非常重要的交流和沟通空间。在毫无顾忌、隔阂的沟通过程中，班级成员之间知识和经验得以分享。杜威强调“沟通是一个分享经验的过程，直到它成为共同的财产”。冲突割裂了班级成员之间的沟通，使学生丧失在班级中广泛交流的机会，使他们彼此之间产生对立或对抗。长期的对立或对抗，撕裂了原本团结一致的班集体，造成了班级功能实现的障碍。日本学者片冈德雄认为，所谓班集体建设也就是作为学生所属群体的班级不断地向参照群体转化。班级学生的冲突造成的分裂，不利于参照群体的形成。

第二，冲突导致了班级中学生的互相排斥。班级本应该是一个充满凝聚力的群体，班级成员之间容纳彼此的缺点和不足，凝聚成和谐而团结的集体。在班集体中，个体作为班级共同体成员所应有的基本的教育权利和自我作为特殊个体的价值，都应该得到尊重。但是冲突却导致班级中学生之间的排斥行为。因为冲突而产生的情感上的拒绝，使个人或群体完全或部分地在班级共同体的日常生活中被排除，从而使其作为班级成员参与某些活动的机会被剥夺，或者在教育生活中被边缘化、被孤立。这种排斥行为，不仅会对被排斥人或群体造成心理上的伤害或者精神的羞辱，也会强化排斥者作为优势个体或群体存在的傲慢心态，更会败坏群体的道德，影响班集体育人功能的实现。

第三，冲突可能导致学生出现反班级文化的行为。冲突从来不是“势均力敌”的对抗，处于劣势地位的群体在冲突中不能占据优势地位时，他们就会另辟蹊径。詹姆斯·C. 斯科特在《弱者的武器》中指出了弱者常用的反抗手段就包括不合作、偷懒、阳奉阴违等。当班级群体的亚文化与班级的主流文化产生冲突却又无力对抗主流文化时，就会产生反班级文化的倾向。保罗·威利斯在《学做工》中详细分析了英国工人阶级子弟反抗学校试图灌输给他们的价值观念、文化认同等支配文化，转而将文化与心理层面上的能力运用到“乐趣、转变、找乐子”方面的故事。由此可知，反班级文化具体表现为故意破坏班级秩序、不遵守班级的规范和要求、丧失班级的归属感以及拒绝参与班级活动等行为。这种因为冲突而导致的反班级文化形成后将会导致班级凝聚力的缺乏，削弱班级主流文化在班级中的核心地位。

第四，冲突过度激烈，可能会导致班级之间强烈的恶性对抗。在班级冲突中，若冲突双方都极力维护自己的利益，互不妥协，同时又没有足够的外部力量介入来调和这种冲突时，“紧张、激烈的冲突往往会使冲突双方被‘冲突情境’所左右，以致于忽视制度化手段”[①]。这时冲突双方相持不下，造成一方极力想压制另一方，进而激化双方的冲突，从而导致班级冲突双方的激烈的恶性对抗。虽

① 吴康宁，主编. 课堂教学社会学 [M]. 南京：南京师范大学出版社，1999：140.

然这种情况很少在班级冲突中出现，但是班级冲突导致恶性对抗的风险始终存在。剧烈的冲突容易造成班级的崩溃，使得班级偏离正常的发展轨道，严重阻碍班级功能的发挥，无谓地消耗班级成员的时间和精力，影响教育教学。

班级中的冲突具有正向功能和负向功能，这与冲突的密度和烈度又是紧密相关的。因此，管理班级中的冲突，控制班级中冲突的类型和强度是必要的。但是，管理和控制并不意味着压抑。被压抑的冲突，假如要爆发，则是更为强烈的。科塞就指出：“在那种具有高频度互动和成员人格参与的高度密切结合的团体内，有一种压制冲突的倾向。……所以在结合紧密的团体中，敌意的情感易于积累从而加强了它的程度。”①显然，班级是一个具有高频度互动、成员高度参与、成员密切结合的团体，因此班级也是一个具有压制冲突倾向的团体。在这个意义上，管理班级中的冲突更重要的是允许冲突随时随地发生。这样，“团体成员的力量被分散在许多方向的冲突上，因此不会集中在一种冲突上而使团体分裂”②。通过这种方式，冲突就被限定在一种“就事论事”的状态，也就更加有利于其正向功能的发挥。

---

① [美]L. 科塞. 社会冲突的功能 [M]. 孙立平，等译. 北京：华夏出版社，1989：136.

② 同上.

参考文献

著作类

[日] 片冈德雄 . 班级社会学 [M]. 贺晓星，译 . 北京：北京教育出版社，1993.

[美] 安东尼 · 吉登斯 . 社会学（第 4 版）[M]. 赵旭东，等译 . 北京：北京大学出版社，2003.

[日] 筑波大学教育学研究会，编 . 现代教育学基础 [M]. 钟启泉，译 . 上海：上海教育出版社，2003.

[美] 乔纳森 · H. 特纳 . 社会学理论的结构（第 7 版）[M]. 邱泽奇，张茂元，等译 . 北京：华夏出版社，2006.

[美] 吉恩 · D. 格兰布斯 . 教师的角色 // 厉以贤，主编 . 西方教育社会学文集 [M]. 台北：五南图书出版社，1992.

[美] 威拉德 · 沃勒 . 制度化的领导——教导 // 厉以贤，主编 . 西方教育社会学文集 [M]. 台北：五南图书出版社，1992.

[法] 埃米尔 · 涂尔干 . 社会分工论 [M]. 渠东，译 . 北京：生活 · 读书 · 新知三联书店，2013.

[美]L. 科塞 . 社会冲突的功能 [M]. 孙立平，等译 . 北京：华夏出版社，1989.

[美] 斯蒂芬 · P. 罗宾斯，蒂莫西 · A. 贾奇 . 组织行为学 [M]. 孙健敏，等译 . 北京：中国人民大学出版社，2016.

张人杰，主编 . 国外教育社会学基本文选（修订版）[C]. 上海：华东师范大学出版社，2009.

于海．西方社会思想史 [M]. 上海：复旦大学出版社，1993.

厉以贤．西方教育社会学文选 [M]. 台北：五南图书出版公司，1992.

鲁洁，主编．教育社会学 [M]. 北京：人民教育出版社，1990.

吴立德．班级社会学概论 [M]. 成都：四川大学出版社，1996.

吴康宁，主编．课堂教学社会学 [M]. 南京：南京师范大学出版社，1999.

吴康宁．教育社会学 [M]. 北京：人民教育出版社，2019.

George M. Gazda，Raymond J. Corsini. Theories of Learning：A Comparative Approach [M]. F. E. Peacock Publishers，Inc.，1980.

H. Tajfel. Differentiation Between Social Groups：Studies in the Social Psychology of Intergroup Relations [M]. New York：Academic Press，1978.

Peter Blatchford. The Class Size Debate：is small better ？ [M]. Maidenhead：Open University Press，2003.

OFSTED. Class Size and the Quality of Education [M]. London：OFSTED，1995.

Seymour B. Sarason. The Culture of the School and the Problem of Change（Second Edition）[M]. Boston：Allyn & Bacon，1971.

R. S. Barth. Open Education and the American School [M]. New York：Agatha，1972.

Margaret A. Gallego，Michael Cole，etc. Classroom Cultures and Cultures in the Classroom. in Virginia Richardson. Handbook of Research on Teaching [M]. American Educational Research Association，2001.

Maureen T. Hallinan. Patterns of Cliquing Among Youth. in Friendship and Social Relations in Children [M]. edited by Hugh C. Foot，Antony J. Chapman，Jean R. Smith. NJ，US：Transaction Publishers，1980，reprinted 1995.

J. S. Coleman. The Adolescent Society：The Social Life of the Teenager and its Impact on Education [M]. Oxford，England：Free Press of Glencoe，1961.

R. R. Powell，H. J. McLaughlin，T. V. Savage，S. Zehm. Classroom Management：Perspectives on the Social Curriculum [M]. Upper Saddle River，NJ：Merril/Prentice–Hall，2001.

G. A. Fine. With the Boys：Little League Baseball and Preadolescent Culture [M]. Chicago：University of Chicago Press，1987.

Willard Waller. The Sociology of Teaching [M]. Hoboken，NJ，US：John Wiley & Sons Inc.，1932.

W. B. Brookover，E. L. Erickson. Society，School and Learning [M]. Boston：Allyn and Bacon，Inc.，1969.

J. S. Coleman. The Adolescent Society：The Social Life of the Teenager and its Impact on Education [M]. Oxford，England：Free Press of Glencoe，1961.

论文类

[日] 片冈德雄 . 班级社会学探讨 [J]. 吴康宁，译 . 华东师范大学学报（教育科学版），1985.

吴康宁 . 论作为特殊社会组织的班级 [J]. 教育理论与实践，1994.

吴康宁，等 . 课堂教学中的角色类别及其主要特征 [J]. 南京师大学报（社会科学版），1993.

谢维和 . 班级：社会组织还是初级群体 [J]. 教育研究，1998.

程天君 . 班级社会学研究（上）[J]. 教育理论与实践，2008.

程天君 . 班级社会学研究（下）[J]. 教育理论与实践，2008.

卫道治，沈煜峰 . 国外关于班级—学校的社会学理论 [J]. 教育研究，1987.

张东娇 . 学校隐性文化发生机制与管理手段 [J]. 教育科学，2022.

张亚梅，王丽琴 . 学校文化与社会文化的隔离与架构 [J]. 教育研究与实验，2001.

姚晓璐，田宗友 . 小学班级“秧田式”座位编排的标签效应 [J]. 教学与管理，2016.

朱光明 . 座位的潜课程意义——中小学生座位体验研究 [J]. 教育学报，2006.

吴彦彤，常亚慧 . 平而不等的教室座位 [J]. 教育科学研究，2017.

张英慧，周霖 . 结构、文化与批判：当代学生文化研究的路径及其反思 [J]. 外国教育研究，2020.

杨钋，等 . 幼儿园班级规模与儿童发展：来自县域追踪调查的证据 [J]. 北京大学教育评论，2020.

刘浩 . 班级环境对初中生教育期望的影响研究 [J]. 青年研究，2012.

宗锦莲 . 论作为社会群体的班级——一种社会学的视角 [J]. 现代教育管理，

2011.

陶青．班级规模作用机制探讨——小班为什么能够促进学生学习？[J]. 外国教育研究，2010.

S. Richer. School Effects: The Case for Grounded Theory [J]. Sociology of Education, 1975, 48（4）.

L. Hargreaves, M. Galton, A. Pell. The Effects of Changes in Class Size on Teacher–Pupil Interaction [J]. International Journal of Educational Research, 1998, 29（8）.

M. Galton, T. Pell. Do Class Size Reductions Make a Difference to Classroom Practice? The Case of Hong Kong Primary School [J]. International Journal of Educational Research, 2012, 53.

Sarane Spence Boocock. The Social Organization of the Classroom [J]. Annual Review of Sociology, 1978（4）.

Dominick Esposito. Homogeneous and Heterogeneous Ability Grouping: Principal Findings and Implications for Evaluating and Designing More Effective Educational Environments [J]. Review of Educational Research, 1973, 43（2）.

M. T. Hallinan. Friendship Patterns in Open and Traditional Classroom [J]. Sociology of Education, 1976, 49（4）.

J. W. Michaels. Classroom Reward Structure and Academic Performance [J]. Review of Educational Research, 1977, 47.

S. Spilerman. Raising Academic Motivation in Lower Class Adolescents: A Convergence of Two Research Traditions [J]. Sociology of Education, 1971, 44.

D. M. Medley, H. E. Mitzel. A Technique for Measure Classroom Behavior [J]. Journal of Educational Psychology, 1958, 49（2）.

Maureen T. Hallinan, Stevens S. Smith. Classroom Characteristics and Student Friendship Cliques [J]. Social Forces, 1989, 67（4）.

Elizabeth G. Cohen. Sociology and the Classroom: Setting the Conditions for Teacher–Student Interaction [J]. Review of Educational Research, 1972, 42.

后 记

《班级社会学》终于得以成书。班级，作为学校教育的“最基层”，是教育社会学的重要研究对象。自塔尔科特·帕森斯将班级作为一种特殊的“社会体系”加以研究后，无论是西方国家还是中国，一些教育社会学者将关注点转向班级，借鉴社会学的视角，从不同侧面和层面对班级进行研究，至今已积累了丰富的研究成果。它们散落各处，未能形成体系。对这些重要的教育社会学理论资源进行收集、整理和分析，尝试构建班级社会学的理论框架及体系是编著本书的初衷。在此意义上，本书的编著在一定程度上能够明晰和丰富教育社会学的理论体系，可以为教育学学生提供理论拓展资源；另外，对于班级教育教学的实践者而言，班级社会学所展现的班级内部结构及运行机制，或许也可能有些许启发。

就个人而言，整理和分析中西方班级社会学研究成果的过程虽很繁杂，却是一次难得的思想盛宴。在此过程中，我深度接触了很多极为有趣、有深度的班级社会学研究，对班级有了更为系统的认识。尽管如此，由于学术视野和理论功力的局限，本书还存在很多的不足，希望能得到各位同行和朋友的批评指正！

本书借鉴片冈德雄所提出的研究班级的四个侧面——“结构”“文

化”“过程”“与社会的关系”，并结合国内班级社会学的研究维度，进行整体框架的搭建，确立了全书的章节。全书共八章，前五章由汤美娟撰写，第六、七、八章由桑志坚撰写。在本书出版的过程中，内蒙古师范大学教育学院米俊魁院长给予鼎力支持，南京师范大学出版社崔兰和杨佳宜编辑付出了辛苦劳动，在此表示诚挚的感谢！

汤美娟

2022 年 8 月